一人ひとりが聞く子どもに育つ教室の作り方

多賀一郎 著

黎明書房

まえがき　――一人ひとりの「聞く」を深める

二〇一二年に刊行した『全員を聞く子どもにする教室の作り方』（黎明書房）は、聞くことに特化して主に教師が子どもたちを聞く子どもにしていくための手立てを書いたものでした。教室で先生の話や友達の話を聞く子どもに育てば、学級のムードも良くなり、授業の質も高まります。『全員を聞く子どもにする教室の作り方』は、そのための実践方法を考えたものでした。各地の学校で実践していただいて、三年間あれば全員とまではいかなくともほとんどの子どもたちが人の話を聞く学校に生まれ変わっています。（二〇一九年に改訂版を新刊として出しました。）

ところで、ここ数年、新学習指導要領の影響なのでしょうか、「対話」や「協同学習」をメインテーマにしている学校に行くことが増えました。ところが、どの学校でも先生方が必ずつまずくのが

「子ども同士の会話がつながらない。」

というところなのです。

子どもたちの話し合いの場や題材設定まではできる（つまり型

改訂版
全員を
聞く子どもにする
教室の作り方
多賀一郎 著
聞く子どもにすれば、
学級も授業も
飛躍的によくなる！
その有効性が
実証された前著を、
さらにグレードアップ。
黎明書房

はできる）のですが、実際に話し合う場に入ったとき、肝心の子ども同士の会話が成り立っていないのです。自分の考えだけを言いっぱなしになったり、一方通行が多かったりして、対話がつながっていかなくなるのです。

その最大の原因は、

相手の話を聞かないことにあるのです。

ちゃんと聞かないから、相手の考えや意図を十分につかめないし、相手の言葉を受けての言葉を発せないということになっているのです。

やはり対話においても、「まずは聞くこと」なのです。

協同学習における「対話」のための「聞く」は、もっと個別に一人ひとりを見ていかないと成り立ちません。

「どうしたら、子どもたちの会話がつながっていきますか？」

と問われて、僕もゆき詰まって考え込みました。

聞くことがポイントなのだということまでは分かっていましたが、会話がつながるための聞くことというものは、一斉指導の聞くこととは根本的に違うものでした。

その答えは新しいところではなく、過去の先輩方が子どもたちの実態から考え出していらっしゃるところにありました。温故知新。そのアイデアをいただいて、今の子どもたちの実態と組み合わせて考え、いくつかの答えを導き出せました。

また心理学の発展によって、子どもが聞けない理由もしだいに明らかになってきています。そのことも子どもの理解に大きくつながりました。

加えて近年、発達障碍の子どもたちの存在とその特質もしだいに明らかになりつつあります。それらの点についても子どもたちの実態と合わせていきました。それも子どもを一人ひとり見つめ直すことにつながっていきました。

本書では、個々の子どもの聞き方と対話の仕方を、精神面や学び方などのさまざまな側面から、明らかにしていきます。もちろんとらえるだけではなく、それぞれの子どもに対する手立ても一緒に示せなければ、実践本としての役には立ちません。

子どもたちの対話がつながっていくためにどう指導しアドバイスしていくかを、できる限り示しました。

最大のポイントは、子ども自身が自ら考えて自分に合った聞き方を育てていくことにあります。子ども一人ひとりが自ら聞く人間に育つことが大切なのです。

「対話」などの言葉は人によってさまざまな使い方がされているので、言葉としての「対話」の考え方については第2章でまとめています。ここは分かっている方は飛ばして先を読んで下さればよいかと思っています。

第3章から第4章は、協同学習における子どものタイプと「聞き合い」の在り方について述べました。第5章では、話しにくい子どもの理解について述べ、第6章では、「質問力」についてまとめました。

最後に資料という形で具体的な授業例を示したので、授業をイメージしてもらえるのではないかと思います。

本書が現場で「話し合い」にゆき詰まっている先生方の助けになれれば、幸いです。

これで『改訂版　全員を聞く子どもにする教室の作り方』と本書とセットで、聞く子どもが育つための現場での考え方をかなり示せたのではないかと考えています。

二〇一九年　秋

こつこつと現場を守りながら

多賀一郎

目次

目　次

目　次

第1章
対話（話し合い）がつながらないのは、どうしてか

子どもたちが共同学習しているとき、
特に話し合っているときに、
「どうもつながってないんじゃないのかな?」
と思う時はありませんか。

1　全国的課題「つながる」

まえがきにも記しましたが、「対話」をテーマに授業研究をしていくと、話し合いはしているが対話は成立していないという状況が見えてきます。

子どもたちが話し合いそのものに慣れていないうちは仕方ないのですが、何年も積み重ねてきているのに、どうも話がつながっていかないということにぶつかってしまいます。

ある子どもが

「僕はAだと思います。」

と言ったときに、別の子がAという内容にはつながらないことを

「私はBだと思う。」

と言い、さらに別の子が

「Cじゃないかなあ。」

と、次々につながらない意見が出てきます。

Aを踏まえてのB、Bを踏まえてのCということにはならないで、それぞれが単発で言いたいことを言い合っているだけという状態になってしまうのです。

低学年、特に一年生ぐらいだと、それもありです。しかし、高学年になっても話がつながっていかないのです。

それでは何かについて話し合って考えを深めていくことなど、とうてい無理なことです。

それに対応するために、各地で先生方はさまざまな工夫をしています。話し合いの形を示したり、言葉の使い方を指導したりして、それなりに成果をあげているところもあります。

しかし、形だけ整えても話し合いはつながっていきません。つなげていくためには、形式だけではどうにもならないことがあるのです。

年間一〇校以上の小学校におじゃましてアドバイスをしていますが、ほぼすべての学校で「話し合いがつながっていくには、どうしたらいいでしょうか？」ということをたずねられます。

「主体的・対話的で深い学び」（アクティブ・ラーニング）の授業においては、やはり話し合いを中心とした協同学習の場が設定されます。その「場」で話し合いがつながっていくことは、どうしたらできるのでしょうか？

これは全国的な課題になってきていると思います。

2 「聞く力」が対話をつなげる

対話がつながらない最大の原因は何でしょうか？ それは、子どもたちが話をきちんと聞かないことにつきるのです。「聞かない」と言い切るのも少しかわいそうですね。

どうしても「聞けない」場合もあるでしょう。

最近の学校の校内研修などではワークショップ型の話し合いが取り入れられるところが増えています。教育委員会の悉皆研修もしかりで、講義式からワークショップ形式へと変わりつつあるところは多いようです。

そういう場では、話し合いはスムーズに進みます。なぜなら、学校の先生方が話し合いをしているからです。先生方というのは、特殊な方（たまにいらっしゃいます、横向いて拒否の姿勢をとっている方が）を除

いて、ワークショップで話し合いをしているときに他人の話を全く聞かないというような方は、まずいらっしゃいません。

しかし、同じような話し合いを子どもたちの場に持ち込んだら、途中で話し合いが停滞してしまいます。それは、子どもたちがそれぞれの理由で相手の話をなかなか聞けない場合があるからではないでしょうか。

話を聞かなければ（聞けなければ）対話にはならないでしょう。話題がつながっていくはずがありません。相手の話をその思いも考えながらきちんと聞き取れば、当然、聞き取ったことに対する自分の考えが出てきます。相手の打ち出した話題に対して、それを全く無視して別の話にしていくことはできなくなります。

つまり、聞かない（聞けない）から話がつながらないのだというのが、僕の基本的な考え方です。聞くことは「力」でもあります。

「聞く力」さえあれば、対話をつなげていくことができるのです。

3　受け身の「聞く」から主体的な「聞く」へ

「聞く」には、受け身の「聞く」と主体的な「聞く」とがあります。

何かの会議やセレモニーでだらだらと面白くもない話をされたら、どんな人でも主体的に目を輝かせて聞く状態にはなれません。

・中身のない話　　　　　・長い時間の話
・話し方がつまらない話　・自分に直接かかわりのない話
・嫌いな相手の話

というのは、根本的に聞けない話し方です。

ですから、教師は話し方を鍛えなければならないと『全員を聞く子どもにする教室の作り方』（まえがき参照）では述べました。

子どもたちも、もちろん話し方を鍛えなければなりませんが、大人のような完成形まではなかなか育てられません。子どもの話は基本的につたないものなのですから。

そのつたない話を主体的に聞くということは、かなり難しいことです。

どうすれば子どもたちが全員、友達の話を自ら ちゃんと聞くようになるのでしょうか？

第2章
そもそも「対話」とは何か

対話とは、人と人とが対等に話をして何かを生み出そうという営みです。

1　「対話」の定義が異なっている

「対話」という言葉は、人によって微妙に違う使い方をされています。元々「対話」とは、「互いに向かい合って話すこと」です。ところが、その「対話」という文字がペアを指していると考えられて、これまで小学校現場では

「隣の人同士で話し合ってごらんなさい。」

と指示して話し合わせるものを指すと考えてしまう方もたくさんいらっしゃいました。

二〇一九年に西宮で行われた阪神地区国語大会では、九本の提案授業のほとんどが「対話」としてペアでのトークを取り入れていたことでも分かるでしょう。

「対話」を二人での話し合いだと限定して考えないことです。

「対話」とは「Dialogue」のことです。「dia」は「～を通して」ということ。「logue」は「言葉」という意味です。すなわち、言葉を通して……というのが「対話」の英語「Dialogue」の意味なのです。

対話は、言葉を通してするものだということです。ということは、言葉の扱い方、すなわち話し方が大切な要素になってくるでしょう。当たり前のことではありますが、大切なことです。

２　対話とディベートの違い

「主体的・対話的で深い学び」の実践としてディベートを取り入れていくところが出てきました。近年、「対話的ディベート」というものも登場して、対話を促すためのディベートが示されてきています。（僕には「演繹的帰納法」と言っているのと同じように感じられて、違和感があるのですが……）

「ディベート」は「ルールのある知的論争。あるいは言葉のボクシングのこと」（松本道弘著『ディベート入門』中経出版、一九八二年）で、お互いに聞き合って相手を理解していく「対話」とは元々は対立した概念です。

学校現場で過去に行われてきたディベートの実践は、一つのテーマに対して相反する意見の二組に分かれて、相手と意見を戦わせて勝ち負けをフロアや判定者に決めてもらうというものでした。正論によって相手を打ち負かしていくという側面が強かったのです。論理的な正

論によって相手を打ち負かすという発想は、従来の日本にはなかった考え方で、国際社会にビジネスとして打って出た日本人に足りないことだとして取り上げられていきました。

学校現場では今から四〇年くらい前から、世界に通じる人間の育成につながるものとして、盛んに実践されてきました。

この「ディベート」という考え方は、相手も活かし自分にもプラスを得ようとするウィンウィンの発想の「対話」とは、全く違うものです。

ディベートは論理的な話し方を鍛える反面、

「理屈では分かるけど、心情的にはちょっとうなずけない。」

という日本人の情意的な発想にはなかなか合わない面があります。

でも、本来の「ディベート」は、単なる正論思考のことではなくて、「和して同ぜず」（人と争わず仲よくするけれども、自分の意見というものをしっかり持っていて、いたずらに妥協したり調子を合わせたりしないこと。「論語 子路篇」）という考え方だと言われています。

ですから、きちんとしたディベートがなされたら、相手との感情論にはなっていかないはずなのです。

３　説得から納得へ

文部科学省では、「主体的・対話的で深い学び」から、「対話的な学び」を次のようにまとめています。

> 子供同士の協働、教職員や地域の人との対話、先哲の考え方を手掛かりに考えること等を通じ、自己の考えを広げ深める「対話的な学び」

ここから読み取れるのは、チームで話し合いをして何か一つのものにまとめていくことよりも、対話を通じて自分の考えを広げたり、深めたりしていくことが重要だということです。

今回言われている「対話」というものを考えるときには、これまでの学校教育の概念と全く違う考え方をしなければならないということです。

この意識転換ができますか？　ただこれまでのように「話し合い」をさせて「対話的な学び」ができたということは、ないと思ってください。

インクルーシブ教育に関わっていると、ある発達障碍関係者のグループの人たちが、他の考えの方たちを
「分かってない。そんなものじゃないんだよ。」

と、ぼろくそにけなすのをときどき見かけます。ちょっと自分たちと考えが違っていたら、同じような方向で考えているはずなのに、その違いをクローズアップして、攻撃するのです。

こういう発想では対話は生まれません。

「あいつは分かってない。」と言った瞬間に「対話」なんて成立しません。「対話」は、相手を受け入れることから始まるのですから。

そして、「対話」は相手に何かを強要はしないし、自分の考えのおしつけもしません。だから、相手は自分で深く考えることになります。


ディベートのような勝ち負けのある話し合いではないのです。これが正しいという決定をするものでもありません。

話し合ってAさんの考えでまとまったというなら、それは、すでに「対話」ではありません。

相手を自分の考えで説得するのでもありません。説得されたなら、話し合いとしては良いように見えますが、「対話」というのは何かを決める活動ではありません。

何かを決めようとするのは、ディスカッション（議論）ですよね。

Ａ・Ｌ（主体的・対話的で深い学び）は、どこかもやもやしたものが先生にも子どもにも残ります。

それは、はっきりとした結論がないからです。

その答えは子どもたち自身がこれから先に持ち続けて模索していくものなのです。

新たなものを一緒に作り出す行為が「対話」なのです。

少し具体例で語りましょう。

東京書籍の四年の教科書に『広告と説明書を読み比べよう』という単元があります。体温計についての広告と説明書をそれぞれ載せて、その違いを考えるというものです。似たような単元が各社の教科書にもあります。

それぞれの違いを教科書から見つけさせた後、

「どちらの方が重要だと思いますか。」

という問いかけをして、自分の考えを書かせました。

ある子どもが最初に書いたのが次の文章Ａでした。

Ａ　私は広告の方が重要と思いました。なぜなら説明書は商品を買ってから見るものだけど、広告は商品を買う前に見て、お客さんが買おうという気持ちになるからです。

この後、四人グループになって、「聞き合い」をさせました。聞き合いというのは、相手の話をただひたすら聞くだけで、話しやすくするためにうなずくなどの反応はするけれども、一切、反論することなく、聞き切るものです。（詳細は後述）

こうすると、子どもたちは自分の考えを言い切りやすくなるし、何よりも相手の考えを聞きながら自分の中で自分の考えとつき合わせて自分の考えを深めていきます。

深い学びにつながる一つの手立てだと思っています。

先ほどの子どもが他の子どもたちと聞き合った後にもう一度書き直したのが、文章Bです。

> B　私は友だちの意見を聞いて、やっぱり説明書の方が重要と思いました。広告は、お客さんが見るという理由では上だけど、説明書は困った時のことや症状の注意、使い方などがのっているから、とても重要と思いました。

この子どもは、自分の考えを大きく変えたわけではありません。広告の重要さは認識しながらも、友達の話から考えをさらに深めていったのです。

ここには、説得はありませんが、納得は存在します。

デヴィッド・ボーム＊は

「対話では、人を納得させることや説得することは要求されない。『納得させる（convince）』という言葉は、勝つことを意味している。『説得する（persuade)』という語も同様である。」と述べています。（参考文献参照）

「納得させる」という言葉は、確かに相手を言葉で強く動かそうとするような感じを与えます。しかし、「納得する」ことが自然とできれば、それは「対話」になるのではないでしょうか。お互いが相手に自由に考える状態を保証して「聞き合う」ことができたら、自分の心の中で納得することができるでしょう。

言い負かして納得させるのではなくて、お互いが納得する話し合いになれば良いのです。

そのために、聞くということがとても重要になります。

＊デヴィッド・ボーム　David Joseph Bohm（一九一七—一九九二年）

理論物理学、哲学、神経心理学およびマンハッタン計画に大きな影響を及ぼした、アメリカ合衆国の物理学者である。（ウィキペディアより）

第3章
聞けない子どものタイプを知る

聞き方は千差万別。誰一人同じような聞き方はしていない。
子ども一人ひとりをどう見ていけば良いのかを考えよう。

1　メンタリストにはなれない

聞けないと、話し合いはできません。対話も成立しないでしょう。

では、なぜ聞けないの？　と考えていかないと、対策は立てられません。一人ひとり、それぞれ聞けない理由が違うからです。

結局は、子どもを一人ひとり読み解いていかないといけないということです。

『サイレント・ヴォイス　行動心理捜査官・楯岡絵麻』というドラマがありました。原作は佐藤青南さんです。

これは被疑者を取り調べするときに大脳辺縁系にたずねる、つまり、身体の微妙な反応を読み取って真実にたどりつくという話です。ちょっとした身体の反応だけで、相手の心が読めるということなのです。よくドラマや映画などで

「嘘をつくときは、利き腕の反対側に目線がいく。」

などという話を聞いたことがあるでしょう。

また、テレビで活躍しているＤａｉＧｏさんはメンタリストと自称していますが、彼も身体の反応で他人の心を読み解くことができるとされています。

真偽のほどは分かりませんが、最近の心理学の発達で理論上は可能な話だそうです。

では、学校現場で子どもたち一人ひとりを教師が観察しながら、本当に聞いているかどうか読み取るなどということができるでしょうか。

どう考えても無理ですよね。

また、子ども同士で相手の心理を読んで

「今、君は話を聞いていなかったね。」

などと言うことも考えられません。

教師や子どもがメンタリストになって、一人ひとりを読み解いていくなどということは、無理な話なのです。

では、どうすればいいのでしょうか。どうしたら、子どもたち一人ひとりが仲間の話を聞く方向へ向かうことができるのでしょうか。

それは、タイプとして子どもをつかんでそれぞれに有効な手立てを打つことだと考えています。

聞くという観点から子どもたちのパターンをいくつかに分けることができれば、それぞれに合わせていくことができるのです。

2　個別に子どもを見取るということ

「一人ひとりの子どもを……」というような言葉をよく耳にします。各地の研究会でも、よく使われている言葉です。しかし、実際問題、それは簡単なことではありません。

確かに、一人ひとり子どもたちは違っているのですから、同じ指導で全員が同じようになるということは、元々あり得ないことです。

僕は初任で、神戸大学附属住吉小学校の帰国子女学級を担任しました。子どもたちは少人数（最後は八人）でしたが、カナダ、チェコスロバキア、ユーゴスラビア、アメリカ、香港、カタールなど、多岐にわたった国々から帰ってきていました。

現地校へ入っていた子どもの場合、カリキュラムがまちまちなので、

「何年生だから、最低これだけはできる。」

というものは、ほとんどありませんでした。たとえば、算数の九九を知らない四年生がいたりしたのです。

言葉が違うのはもちろん、風土の違いもありました。

「滝に打たれる」

という表現を聞いたとき、ある女の子は目を丸くして

「死んじゃうよ。」

と言いました。カナダから帰ってきた子どもでした。

運動場を掘るからスコップを貸してくれと言ってきた子どもに理由をたずねると、石油が出てくるかも知れないと言いました。中東のカタールから帰ってきた子どもです。

これは帰国子女だから極端に見えただけのことで、ふつうの学級においても、子ども一人ひとりは違っているはずなのです。経験も家庭状況も、兄弟関係も、友達の有無も、子どもたちは一人ひとりがすべて違っています。ということは、言葉に対するメタ認知がどの子も違うということです。「お父さん」という言葉に対して、ＤＶを受けている子どもは恐怖を感じるでしょうし、父親のいない子どもは寂しさや疎外感を感じるかも知れません。

言葉だけを考えてもこれほどの違いが見えてきます。でも、その違いを外からとらえていくのは限界があります。

まして、メンタルな要素を加えたら、子どもたちの違いようは無限にあるような気さえしてきます。

やはり、子どもを見取るための観点をそうやって広げていくのではなく、聞くという観点からだけ絞り込んで子どもを見取りましょう。そうすれば、いくつかのパターンになっていきます。

3　インクルーシブな視点を持つ

聞くことに絞り込んで子どもを見ていくときに、落としてはならない観点がインクルーシブな考え方です。特に発達障碍の子どもたちの特性はかなり強いものであるので、そのことが話を聞くことに対して障碍になってしまうことがあるのです。

発達障碍にはさまざまなものがあると、最近の研究によって知られるようになってきました。

ＬＤの子どもたちには、読んだり書いたりすることも苦手な場合があります。緊張するとじっと座っていられない子どもたちもいますし、コミュニケーションがうまくとれない子どももいます。目線を合わせることをいやがる子どももいます。

そういう多様な特性を否定、矯正せずにそのまま受け入れて教育していくというのが、インクルーシブの視点です。

間違わないように。

「あの子はアスペルガーだから……。」

だとか、

「この子は多動系だから……。」

などとレッテルを貼って見ていくことがタイプ分けということではありません。そういう特性も含めてタイプに分けて考えようということなのです。

そもそも、自閉スペクトラムの子どもたちは、多様な気質を同時にいくつかもっているものです。家庭環境、生活環境は、個々の子どもによってそれぞれ違っています。複雑です。同じ気質だから同じような事をするとは限りません。

今のその子どもの状態、様子をどうとらえるかが大切なのです。ですから、その子その子を個別に見ていくという発想が重要です。

発達障碍とインクルーシブ教育については拙著『きれいごと抜きのインクルーシブ教育』（南惠介との共著、黎明書房、二〇一七）に詳しく書いてあります。

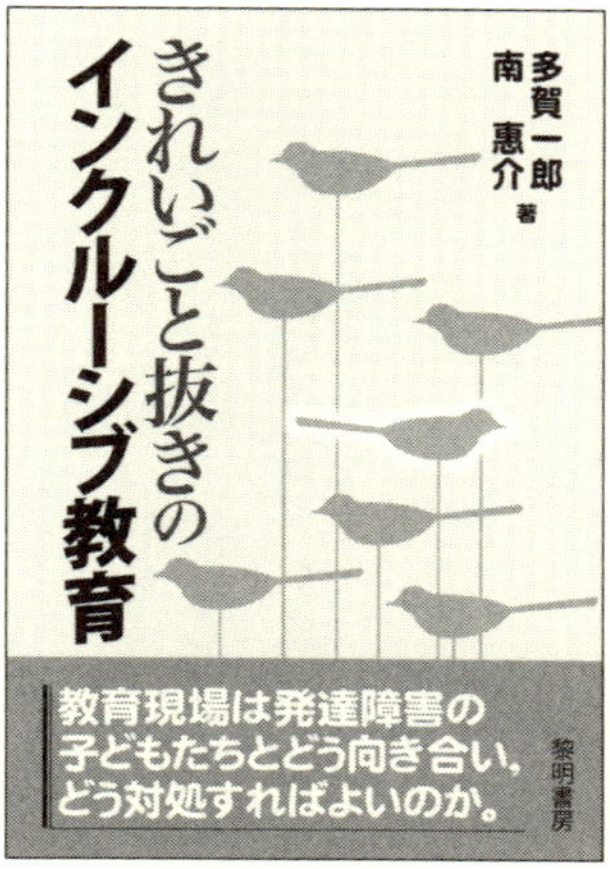

4　聞けない子どものタイプとその手立て

子どもの聞けない理由を元に、九つのタイプに分けました。なぜ聞けないのかということを少し掘り下げて考え、そこから、どのような具体的な手立てがあるのかを、可能な限り示しました。

A　話し手に関心を示さない
B　自分の興味関心のあるものに没頭しすぎる
C　自己顕示欲が強い
D　他人のことが読めないから不安
E　すぐに聞くのに飽きてしまう
F　興味のあることしか聞かない（わがまま？）
G　聞いてはいるが、内容がつかめない（理解力不足）
H　聞く力はあっても、早飲み込みしてしまう
I　聞く子どもの理想像

タイプに対する手立ては、複数の項目で重複する場合もあります。

A　話し手に関心を示さない

そもそも話し合いをしようとしても、全く話し手に関心を示さない子どもがいます。グループで話し合わせようとしても、はなから他人の話を聞く気持ちになれない子ども、いますよね。ひどいときには、机に手を乗せて顔を横向きにして置き（つまり、ほぼ寝ている状態ですね、目は開いていますが……）、全く話し手の方さえ見ないという子どもを見たことありませんか。

話す内容が難し過ぎてよく分からないということもあるかも知れませんが、それは別のタイプに分類するとして、話し手に対して関心がないという子どもはどうしたら良いのでしょうか。

特に関心のない子どもに対して

「もっと関心を持ちなさい。」

と言ってもむだですよね。何度注意しても態度が改まらないと考えて先生が叱ったりどなったりするのは、クラスのムードを壊すし、その子との関係も作ることができません。

このようなタイプの子どもを話し合いに引っぱり出していくのは無理があります。周りの子どもたちもなんとかしようとしてストレスがかかる割に、なかなかこちらを向いてはくれません。

「馬を水飲み場まで連れていくことはできるけど、水を無理やり飲ませることはできない」と言われます。

ですから、こういうタイプの子どももいるのだと認めてしまって、無理に話し合いに加わらそうとしない方が賢明です。

ただし、そういう態度を他の子どもたちが「なんだ、あいつは」と否定しないようにフォローしていくことが必要です。

では、そのまま放置していて良いのでしょうか？

少しでも可能性を考えて、何か手立てをうってみることは、必要でしょう。

まずは、あわてないことです。無理強いは禁物なのですから。

それから、その子の関心の高そうなテーマを設定して、その子がどう反応するか、様子を見ます。

そして、話し合いにみずから参加しようという姿が見られたら、

「いいねえ。なかなかよく聞いているよ。」

と、価値づけしてあげましょう。

これを時々協同学習に入れていくことで、聞くことの良さを少しずつ意識づけさせていくことです。

B　自分の興味関心のあるものに没頭しすぎる

他人と交流するよりも、もっと自分が没頭できる事柄に夢中になってしまい、他のことに興味を持てないというパターンもあります。

調べ物をしてみんなでまとめていくというようなときに、自分の調べ物に没頭してしまって、みんなとの話し合いには全く興味を示さずに（勝手に）一人で調べごとをしているというような子ども、たまにいますよね。

一人で何かしているときが面白すぎて、一人でいる時間を楽しみすぎてしまうのです。そのせいで、周りの人間の話すことに興味を持つことができません。

さらに次のステップへみんなは進もうとしていたり、話題が次のことに移ってしまったりしているのに、自分は気に入ったことだけを続けていることも多いタイプです。

当然、グループ内で

「○○さんは、ちゃんとしてくれない。」

といったもめごとがおきます。

こういう子どもに対しては、時間の制限というものを常に意識させていくことが重要です。根本的には知的なことが好きなタイプが多いのですから、やる気がないわけではありません。時間を自分で意識できるようになると、みんなとの話し合いに入ってくることがあるでしょう。

また、その時間の活動の見通しを持つとき（授業や単元の始まりのインストラクションのとき）に、時間の目安をプリントや掲示などで知らせてそれを守らせるように指導するのも良いでしょう。それが守られたときに認めて、価値づけていくことは欠かせません。

そして、最初に課題に対する意識を高めておくことも大切です。自分で決めた課題ということが最も子どもが打ち込みやすいものですが、そうではないときも、課題に対して「なぜこれをするのか」という納得ができれば、違った姿を見せてくるでしょう。

さらに、このタイプの子どもは自意識が高いので、聞き方の姿勢について聞き合い自己評価カードで自己評価を繰り返しさせると、案外自分を振り返って姿勢を修正してくることもあるのです。

聞き合い自己評価カード

聞き合いができたか？　○か×	／	／	／
①　話し手の顔を見て聞いていた。			
②　傾聴三動作を意識していた。 （うなずき・あいづち・賞賛）			
③　話が終わるまで聞き切った。			
④　相手の思いを聞こうとした。			
⑤　話の途中で口をはさまなかった。			

C　自己顕示欲が強い

話しているときに他の人の言葉に興味がわかない子どもの中には、自分が主役でないと気のすまないタイプがいます。

主人公は自分なのだという意識が、心のどこかにあるようです。このようなタイプには、周りの人間は自分を取り巻く脇役のようにしか見えないのです。

そして、

「みんなは、自分の考えをもっとよく知るべきだ、自分の話を、まずはしっかりと聞いた方がいいよ。」

と考えています。

その一方、自分も周りの子どもたちのことをよく理解したいとか、知るべきだとかは、あまり思わないのです。みんなが自分の話だけ聞けば良いというのが、本音です。

こうした自己顕示欲は、人の話を聞くときにじゃまになります。思いついたときに、途中で話をさえぎって自分のことを言い始める子どもがいますよね。あれは、「そんな話よりも、自分の話の方が大切だ」と思っているのです。それでは人の話を聞き切ることはできません。

さらに、このタイプは他の子どもが自分の話を聞かなかったら腹が立つのです。いわゆるもめごとが起こりやすい原因にもなります。

このタイプに対応するには、話し合いをするときの各自の話す持ち時間を設定して、それ以外の時間には話をさせないことがよいと思います。そのルールが定着すれば、自己顕示の抑制にもつながっていくことでしょう。

まずは、自分の考えや意見を書かせます。これをしてからでないと、話すのが苦手な子どもは時間をもらってもなかなか話せません。

それを元にグループで話し合わせますが、そのときに

「話せるのは、一人二分ずつ【この時間は内容によって異なります】です。」

と、はっきりと持ち時間を示します。

「話している途中でも時間が来たらストップします。時間が余ったときは、質問はしてもよろしいが、全部決まった時間の中でしかできません。」

と、ルールをきちんと示してから話し合いのスタートです。

こうすれば、自己顕示欲の強いタイプがたくさん話したくてもできません。他の子どもの話を聞いていなければならなくなるのです。

D　他人のことが読めないから不安

人間という生き物は、予測ができないものに対しては恐怖や不安を覚えるようにできています。暗い夜道を歩いていると不安になるというのは、この心理が働くからです。

これからどうなるのだろうという不安は大きなものになります。これは人によって個人差が強いものです。普通の人が見れば「それほどでもない」ことが、大きな不安になっているということがあります。

人付き合いに関しても、このような不安を味わっている子ども（大人も）がいるのです。ある事柄を言ったりしたりしたとき、相手がどのような反応をするかということがある程度予測できればいいのですが、このタイプの人にはそれが難しいために、人と話し合うことに対して不安どころか怖さまで感じてしまいます。

これって、教室の「あの子」に時々いるタイプですね。対面で語り合うのが「対話」ですが、対面そのものにもプレッシャーを感じて目をそらしてしまうタイプです。

こういうタイプは周りがそれなりにその子自身の在り方を認めてしまうしかないと思っています。他の子どもたちにも本人にも

「そういう人もいるんだよ。あなたは、そのままでいいんだよ。」

と、直接言ってもよいと思います。その子を「直そう」などとは思ってはいけません。

さらに、話し合いよりも、相手の切り返しや質問などのない「聞き合い」の方がそういう子どもたちにとっては、楽にできると思います。

いつも相手の反応にびくびくしていたら、人の話は耳に入ってこないですよね。

学級全体が親和的で安心できるムードにあふれていたら、こういう不安は薄れていきます。その子を変えていくというよりも、周りが育っていくことを考えましょう。学級づくりが大きなポイントになります。

ソーシャルスキル（八巻寛治著『社会的スキルを育てるミニエクササイズ基礎基本30』明治図書出版、二〇〇九年参照）やグループ・エンカウンターなどを教室に取り入れて、クラスの仲間同士に対して安心できるような土壌をつくっていくことを考えましょう。

E　すぐに聞くのに飽きてしまう

飽きっぽい性格の人は、

「つまらない。これは自分には向いていない。」

とか、

「あっちの方が面白そうだなあ。」

などと思ったら、直ぐに別の方へ気持ちが飛んでしまいます。

実は、僕もそのタイプです。自己弁護するわけではありませんが、それは行動的であるということにもつながり、多くのことに挑戦し、世界を広げることにつながることにもなるので、一概に否定するものではありません。

良く言うと、好奇心が旺盛で、チャレンジャータイプなのです。

でも、対話していくのは難しいです。話を聞くときには、この性格がじゃまになってしまうのです。

こうした子どもたちには、他人の話を聞いていても、一部の言葉に引っかかってそちらへ興味が移り、飽きてしまう自分だと意識付けさせて、自分で少しでも直していこうと方向づけることが必要でしょう。自覚を持たせるということです。

自分で意識して直していく努力をさせないと、いつまでもきちんと聞き切るということはできないでしょう。

そのときに、聞き方の姿勢を教えるべきでしょう。
「こんなふうに聞くんだよ。」「こういう反応をするんだよ。」というふうに。聞き方の姿勢を形で教えることによって、意識を飛ばすことに対して足枷をはめることになるでしょう。

そして、その聞き方を随時自己評価していくことによって、リフレクションさせるのです。自分の聞き方を自分なりに見直していくようにするということです。
その子に応じた自己評価シートを個人的に渡すと良いでしょう。

聞き方自己評価シート

	今日の聞き方 ○をつけましょう	自分の聞き方へのコメント
月　日	（　）最後まで集中して聞けた （　）聞けなかった	
月　日	（　）最後まで集中して聞けた （　）聞けなかった	
月　日	（　）最後まで集中して聞けた （　）聞けなかった	
月　日	（　）最後まで集中して聞けた （　）聞けなかった	

F　興味のあることしか聞かない（わがまま？）

このタイプは、いわゆるムラのあるタイプです。

興味が出たら聞くし、出なかったら、知らん顔の状態になります。ある意味、わがまま勝手なのです。仲間の話が面白かったら聞くけど、自分の興味を引かなかったら聞かなくなります。そのときの気分によって、聞いたり聞かなかったりするのです。

このタイプには、話し合いそのものに興味を持てるようにしむけないといけないのですが、課題や話し合い方のすべてをその子が興味の持てるものに合わせていくこともできません。

こういうタイプには、自分が関わらざるを得ないような責任を持たせるのが一つの手立てでしょう。例えば、話し合いにおいてまとめて発表させる役割を最初から担わせておくと、あとで自分がまとめなければならない、発表しなければならないと思って、人の話も聞かざるを得なくなるでしょう。

もう一つ、大切な事は、相手がどういう思いで話しているのかを考えるようにさせることです。これは学級づくりに関連していることです。全体に対する指導の中で、他者の思いを考える大切さについて、思いを馳せらせることです。

多くの子どもたちは、人に対して優しい思いを持っています。それを大切にするような空気を醸成することが、聞くことにもつながっていくのです。

低学年では、二人組（ペア）で対話させるときに、聞き方を指導します。

(1) 聞き手に聞くときの動作を示す。

・腕をぎゅっと組んで、顔を横に向けて相手の方を見ないようにして、絶対にうなずかないで、笑ったり笑顔にしたりしない。

(2) そのまま話を聞いたら、今度は交代して同じように話を聞く。

(3) お互いに終わったら、子どもたちに感想を出させて、共有する。

こうすると、子どもたちは口をそろえて

「とってもいやだった。」

「話しにくいよ。」

「聞くのもしんどかった。」

などと言います。

そこで、

「どういう聞き方をしたら、話すとき気持ちよくて、聞くときにもいい感じになるのかな？」

と問いかけて考えさせるのです。

この後、必ず個々の聞き方が変わります。

※実際の聞き方の授業実践を「資料」（一〇七～一三五ページ）として示します。

G　聞いてはいるが、内容がつかめない（理解力不足）

これは、読み解く力の問題です。

読み解く力が弱いということは、語彙力のなさ、理解力不足、メタ認知がないなど、課題がたくさんあります。

こういう子どもにならないように、低学年から基本的な力を積み重ねてつけるしかないかもしれません。ある学年の先生だけががんばっても、こういう基礎的な力はつけることができないのです。

個別に読む力をつけることも重要だし、キーワード聞きする授業を取り入れていくことも必要です。

キーワード聞きする授業とは、短い文章を読み聞かせて、キーワード（重要語句）を取り出していくというものです。三年生ぐらいから国語に要約するという課題が入ってきますから、そのくらいの学年から始めるのが良いでしょう。要約するためにキーワードを取り出すことを何度か繰り返してから、キーワード聞きに入ると良いと思います。

さらに、文章における言葉の重要さの順位をつけさせると、もっと聞き取るトレーニングになっていくでしょう。

文章自体は、それぞれの学年の自分の学校で採用していない教科書の説明文から切り取れば良いのです。そうすれば、その学年にそぐわないような言葉はあまり出てこないので、子どもたちの抵抗は少ないでしょう。

具体例を示しておきましょう。僕は、「聞き取り　ベストファイブ」というタイトルをつけて、キーワード聞きの授業をしていました。三年生の「聞き取り　ベストファイブ」です。

■先生が読み聞かせる文章をよく聞いて、キーワードを五つえらびます。二回、同じ文章を読みます。まずは、聞きながら、下の□の中に、ぴんと来た言葉をどんどん書いていきましょう。漢字はまちがってもかまいませんから、できるだけ使いましょう。

二回目は、一回目に聞き取れなかったり、二回目にぴんと来たりした言葉をどんどん書きましょう。二回読み終わったら、考える時間を少しあげます。大事な順番に五つのキーワードを書きましょう。（次ページのワークシート「聞き取り　ベストファイブ」参照）

●キーワード聞きに使う文章例　三年生

夕日と朝日は同じ太陽ですが、人々はそれぞれにちがった感じをうけてきました。しずみゆく夕日には暗さとさびしさを、のぼりくる朝日には明るさと元気を感じました。
多くの文章は、その感じを活かして夕日と朝日が使われています。文章を読むときは、そのことを頭に置いておきましょう。

聞き取り　ベストファイブ　No.【　　】

名前【　　　　　　　　　　】

■先生が読み聞かせる文章をよく聞いて，キーワードを五つえらびます。二回，同じ文章を読みます。

まずは、聞きながら、下の□の中に，ぴんと来た言葉をどんどん書いていきましょう。漢字はまちがってもかまいませんから，できるだけ使いましょう。

二回目は，一回目に聞き取れなかったり，二回目にぴんと来た言葉をどんどん書きましょう。二回読み終わったら，考える時間を少しあげます。大事な順番に五つのキーワードを書きましょう。

◆ベスト５

1	2	3	4	5

解答例

1	2	3	4	5
文章	**感じ**	**活かす**	**朝日**	**夕日**

H　聞く力はあっても、早飲み込みしてしまう

「あわてるな」と言っても、そうはいかないんですよねえ。このタイプは、実生活でも早とちりが多いです。先生の話を聞き切らないで途中で行動にとりかかって失敗する。家庭でもそういう失敗をしては、おうちの方に叱られる。そんなことの繰り返しです。

「あわてずにやりなさい」と言っても、なかなか直りません。年齢と共に少しずつ改善されていくでしょうが、そういう性格だと思いましょう。

早とちり、早飲み込みする子どもには、

「メモを取りながら聞く、メモの取り方」

の技術を教えていくことが大切だと思います。

僕は基本的には話し合いをしながらメモを取るということは子どもたちにさせません。メモを取る技術がないと、相手のキーワードを聞き取ってさっと書くということはできません。書いているうちに、相手が次のことを話してしまうので、聞き逃してしまうなどということが起こります。

早とちりするタイプは、じっくり型ではありませんが、逆にさっさとメモを取っていくことには向いているのです。

「あなたは、話をさっと聞き取ってぱっと短い時間で書き取ることができるでしょ。メモを取りながら聞くことが向いているよ。」

と言って、個別にその子にメモを使って聞き取ることを薦めます。

「自分たちもメモを取りたい。」

と言ってきたら、させてあげれば良いのです。自分にメモを取ることが向いているかいないか、自分がどんな聞き方をするべきかということは、自分自身で判断させれば良いのです。

四年生の教科書にはメモの取り方を指導する単元があります。そのときには、全員にメモの取り方をしっかりと指導します。基本的な技術は全員に指導しなければなりません。けれども、話を聞くときにメモを取るかどうかは、その子が決めれば良いのです。

Ⅰ　聞く子どもの理想像

聞く子どもの理想像って、なんでしょうか。

集中して要点をつかんで聞ける子どもに育てばその子はどんな学びに対しても、対応できて成果をあげられますよね。

こういう子どもは、聞き上手で、リーダーシップがとれるし、場を動かしていく力を持っています。そのような子どもを育てる指導を積み重ねて、何人も育ってくると、その先に協同学習での対話の成功があるのかなあと思っています。

こういう子どもたちはクラスに数人もいれば十分です。

大切なことは、クラスには、さまざまなタイプの子どもたちがいて、それぞれが自分に合った聞き方を磨いていけば良いということです。

「ちゃんと話を聞きなさい。」

と叱責や注意を繰り返すだけでは、個性的な子どもたちの各々にマッチしません。子どもたちが自分で自分の聞き方を見つけられるようにアドバイスしていきたいものです。

第4章
協同学習における「聞くこと」

一斉指導なら聞く方向へ指導しやすい。協同学習では、どうすれば良いのだろうか。聞いているかどうかはつかみにくいし、指導しにくいのだが。

1 「協同学習」とは？

「協同学習」とは、「グループ学習」とも言います。戦後の授業に多く取り入れられて、現代まで続いてきています。新学習指導要領の「主体的・対話的で深い学び」の対話的な学習の中核をなすものと考えられます。

ただ単に子どもたちが同じ方（黒板または教師）を向いて一斉に学ぶという形ではなく、グループに分かれて学ぶという形です。

グループと言っても、「班」のように固定化された場合もあれば、自由に行き来して教え合うランダムな場合もあります。

ときどき、一斉授業と対立したものと捉える方がありますが、どちらも必要に応じて組み合わせていくことで、有効な学習が成立していくのではないでしょうか。

「一斉授業」も「協同学習」も、メリットもあればデメリットもあります。それらを踏まえたうえで、子どもの実態や学習のめあて、教材の中身によって選択していくべきものだと考えています。

本書では、協同学習における子どもの聞くことを中心に考えています。

2 「聞き合い」で育つもの

(1) 「聞き合い」とは何か？

「聞き合い」ということを、考えたことがありますか？

「話し合い」とは違った概念です。僕はよく子どもたちに

「聞き合いをしましょう。自分の意見は一切言いません。うなずいたり、感心したりはした方が良いでしょう。じっと人の話を聞くのですよ。」

と説明して、「聞き合い」をスタートさせます。

ただ聞くだけというのは、簡単なようで案外難しくて、どうしても人が話している途中で口をはさんでしまう子どもが出てきます。

それを許さずにただ聞くことに徹底させるのです。

また、時間を決めると良いでしょう。グループで聞き合いをするときに、子ども一人ひとりの持ち時間を二分間なら二分間と決めて、それ以上は話せないことにします。時間が余っても黙って待たせるのです。

「もう少し言うことないの？」

と言われて、話を付け足す子どもも出てくるでしょう。

「聞き合い」は、初めはうまくいきません。

どうしても子どもたちは口をはさんだり反論したくなったりするものです。それを絶対に許さないで、ただ聞くだけということを徹底させます。ここは踏ん張りどころですが、実は黙って聞いていることは自分の脳が活性化していることなのだと説明して、

「賢くなっている時間なのだ。」

と理解させます。

(2)「聞いてもらえた」効果

子どもたちにとって、というよりも人間にとって

「聞いてもらえた。」

という感覚はとても重要です。実生活できちんと聞いてもらえるということは、実はとてもまれなのです。大人だって、話を聞いてもらえた感覚って、とても気持ちいいし、そんなにしょっちゅう体験できないですよね。

優れた先生方はそのことを知っていて、子どもの話をできる限りていねいに十分に聞くようにしています。

そうしてもらった子どもたちは、心が安定するのです。話を聞くだけで子どもの問題は半分以上解決します。

十分に話を聞いた後、

「どうしたいの？」

とたずねると、

「自分でなんとかする。」

とか、

「聞いてもらったから、もういい。」

と言う子どもも多いのですよ、特に低学年では。

高学年になると、先生に話に行くこと自体のハードルが高いので、そんな簡単に

「聞いてもらえたから、もういい。」

と言うわけにはいかないでしょう。

とはいえ、聞いてもらえるということは、心が落ち着くことにつながるのは間違いありません。グループ学習において、友だちにじいっと聞いてもらえていたら、自分の考えを語ることにも少し自信がつきます。

途中で口をはさんでこないし、反論も同意もされないで話すことができたら、気持ちはとても楽

になりますね。

もちろん、そのためには、うなずき・あいづち・賞賛の傾聴三動作のような聞き方が大切になることは、間違いないことですが——。

(3) 「聞くだけ」は自分への問いかけ（深い学びに通じる）

五六ページで聞いているだけの時間も脳が活動している時間だと書きました。ただし、一斉指導中に聞いているだけの時間が活動的（アクティブ）なのかどうかは微妙なところです。（聞いているふりをしているだけということもあるでしょう。）

そもそもアクティブ・ラーニングは、「先生の話をただ座って聞いているだけの授業」を打破するという考えからきているのですから。

話の中身に興味関心が高かったら、聞いているだけでも脳は活性化されます。さらに、自分の考えをしっかりと持って聞くことに臨んだときは、

「今の言葉は、自分の考えとは違うなあ。」

とか、

「それそれ。そこは自分の考えと同じところだね。」

とか、

「新しい考え方だなあ。自分の考えとも比べて、もう一度考え直してみよう。」

といったような思考になっていきます。

これこそ、深い学びに通じていくことではないでしょうか？　第2章の3であげた子どもは、さらに感想の続きとして、

「もう少し別の説明書きなどについても調べてみたいと思います。」

と書いていました。

これこそ、学びに向かう学びが成立した姿ではないでしょうか。ただじっと聞くだけの「聞き合い」を通じてこそ、そういう学びが生まれるのです。

そのポイントは、自分の考えをしっかりと書いて聞き合いに臨むということです。自分の考えがしっかりとあるからこそ、聞いているだけでも相手の考え方について思うことが出てきます。書くということは、自分の考えをある程度明確にすることでもあります。

曖昧なままに聞いていると、相手の意見に簡単に振り回されてしまいますが、きっちりと書いていたら、自分の考えへのこだわりができてきます。ですから、自分の考えを深めていくことになるのです。

聞いているだけで意見を言わないのですから、思考は自分の考えの方へ向かうのです。

(4) 聞き合う力の向上へ

聞き合いが成立していくには、いくつかの力が必要です。それらは、この本で何度か取り上げている基本的なものも含まれていますが、ここでは聞き合いに必要な力というものに絞って、まとめてみましょう。

聞くことは読むこととは違って、繰り返すことのできない活動です。文章なら読み返すことで反復でき、それによって内容の理解を深めることができます。

それに対して聞くことは、一瞬のできごとです。瞬時に理解する力が必要になるのですから、読むよりも実は難しい活動なのです。聞き直すという手立てはあることはあるのですが、相手のいることなので、自分の思うように聞き返すことはできません。

しかも、相手の話す力によってかなり聞き取りは左右されてしまいます。話すのが上手な相手ばかりではありません。相手に応じて聞くという力も身に付けていかねばならないのです。聞くには、かなりの能力が必要だということなのです。次に五つの聞く能力をあげます。

○聞き取る力

相手の話を聞き取れなかったら、話になりません。聞き取るには基礎的な学力が必要です。

その詳細については、次章で述べます。

また、難聴などのハンディキャップも聞き取る力に影響してきます。そのことは教師が配慮していかねばならないことでしょうし、学級の子どもたちみんなが認識しておくことが必要です。これは吃音などの障碍についても、同じことが言えるでしょう。

障碍をオープンにするには家族と本人の了承が必要ですが、知らないことはその子に対して非難になったり意地悪になったりしかねません。

「聞こえないぞ！」

とか

「もっとはっきり言えよ。」

などということを、障碍を持つ子どもたちに投げかけるのは、どう考えても問題です。

○自己抑制力

自分の言いたいことが先に立って、他者の話が聞けないという子どもはけっこう多いものです。いかに自分を抑制できるかというのも聞き合うための力です。

自己顕示欲が強すぎて、場を支配しようとする子どももいます。このタイプはリーダーの資質もあるのですから、良きリーダーとしての在り方を考えさせていくと良いですね。

○要約聴取力

話し手が一番言いたいことの中心をつかめる力です。中心がつかめると、それにそって聞き、中心とそうでない部分とを聞き分けることができます。「これは大切だけど、そっちはそれほどじゃない」という判断をしながら聞けます。

○事実と話し手の意見とを聞き分ける力

これは高学年のレベルです。とても難しい課題です。文章を読みながら事実と意見を区別するだけでも難しいのに、聞くときは一瞬にして事実か意見かを聞き分けないといけないのですから、レベルが上がります。

読解学習の授業を通して、事実と意見の表現の仕方を学ぶことを積み重ねてこないと、聞き分けるなどということができるはずはありません。

ただし、書き言葉と話し言葉とでは微妙な違いがあるので、話し合いはモデルを使い、そのような表現のし方を使って、シミュレーション学習などで練習させる必要もあります。

事実……「○○です。」——「○○だ。」
「○○ということがあります。」——「○○ということがあるよ。」
「○○である。」——「○○だよ。」

意見……「○○だと思われます。」――「○○だと思う（よ）。」

「○○ではないだろうか。」――「○○じゃないかな。」

「○○と考えられます。」――「○○と考えてる。」

「○○でしょう。」――「○○だろう。」

「○○と言えよう。」――「○○って言えるんじゃないかな。」

○相手の表情を読む力

コミュニケーションの基本能力です。生まれつきそういう力の身に付いている子どももいますが、相手への思いやりがないと、この力は発揮できません。

低学年では、

相手の顔を見て話し、顔を見て聞くこと。

を徹底することから始めましょう。

(5)　聞き方自己評価

聞いているのかいないのかを判断するのは本人しかできません。

以前、耳の聞こえないと自称していた作曲家にゴーストライターがいたと大騒ぎになったことがありました。医者で調べてもらったり、マスコミがいろいろと誘導尋問したりして「怪しい」というレッテルを貼っていました。彼のいでたちがいっそう怪しさを際立たせていたことも影響したでしょう。

けれども、その方が聞こえているのかいないのかは、つまるところ本人にしか分からないことなのです。数値で調べようとしても、はっきりと検出できるものではありません。

要するに、

「聞くこと」は目に見えない。

ということなのです。

教師がいくらがんばって子どもたちを見ていても、本当に聞いているのかどうかは決して分からないのだということを認識しておくべきです。

実際、聞いてないだろうと思って指名したら、すらすらと答えられたということはよくあります。(僕もそのタイプでした(笑))

したがって、聞く力を鍛えようとしたら、自分自身の聞き方を自分で認知して、高めていくことが必要です。

３「対話」にもレベルがある

(1) どの学年でも同じ？

対話はどの学年でも日々行われています。研究授業の学習指導案にも「対話」という言葉が並びます。研究授業でなくても、毎日なんらかの形で子ども同士の対話が授業に組み込まれているものです。

しかし、ほとんどの場合、二年生での対話と六年生での対話がほぼ同じレベルで行われているのです。言い換えましょう。教師が同じ意識で同じレベルを要求した対話ばかりなのです。

読み取りにしても表現読みにしても、書くことにしても、みんな学年によって目標は違っています。漢字ですら、年々難しくなり、会意文字や形声文字が増えていきます。

なのに、低学年と高学年の対話が同じ目標であって良いのでしょうか。そんなはずはありません。

一年生だと

「対話って楽しいなあという思いを持つ。」

というめあてで充分ですが、六年生にもなって、対話が楽しいだけで終わって良いわけはないでしょう。

(2)「隣同士で話し合ってごらん」って何？

一八ページで二〇一九年に西宮で行われた阪神地区国語大会のときのことを書きましたが、目立ったのは、ほとんどの発問が

「ちょっと隣同士で話し合ってごらん。」

というものだったことです。全学年がほぼ同じ問いかけでした。

これはペアでの対話に対する意識のなさの現れです。

ペアでの対話は世間話をしているわけではありません。授業中の教師の発問は、明確な意図がなければならないのですから、

「このペア学習はこういうことを目当てとする。」

ということをはっきりさせてから、対話に入りましょう。

その目的は必ずしも国語的な目的でなくてもかまいません。「いろいろな子どもと話す機会をつくり、学級の親和を図る」というように、学級づくりにつながるものであってもかまわないのです。

しかし、教師の意図ははっきりとなければなりません。

「ちょっと」という言葉も問題です。

僕は若い先生方の授業を観て指導する立場の人間です。毎日、若手の授業を観ています。また、

公立小学校の授業も年間に五〇回以上観ます。協同学習もたくさん観てきました。今や学習過程に協同学習の部分の入った授業はとても多いものです。その中で気になることの一つが

「ちょっと、隣同士で話し合ってごらんなさい。」

という問いかけです。

「ちょっと」って、いったい何のことですか。ものすごく曖昧な言葉です。どの程度の時間や内容を指して言っているのか、さっぱり分かりません。だいたいこの言葉を発するときは、一斉指導の場面で子どもたちがゆき詰まったときに先生が苦し紛れに発する場合が多いようです。

初めから

「ここではゆき詰まる可能性が高い。しかし、子どもたちで考え切ることのできる内容だから、ペアで話をさせたら、お互いの考えが整理されて発表しやすくなるだろう。」

とか、

「なかなか発表しにくい子どもたちだから、隣の子どもと話して少しアイドリングしたら、発表しやすくなるだろう。」

とかいうような予測があって、ここぞというときに
「隣同士で話し合ってごらん。」

となるのであれば、計画的で効果的です。

けれども、ほとんどの先生方はそうした予測も持たずに、行き当たりばったりで隣同士の話し合いをさせています。

それでも、子どもたちはそれなりに話し合いをして、それなりに答えらしきものを導き出していきます。一見、ペアで話し合っているように見えることもあります。

しかし、話し合いの必要性も目的も伝えられずにただ話し合いをさせられているという状態になりかねません。

それでは子どもたちの対話力が向上するはずがありません。


思いつきの「隣同士で……」は止めましょう。

(3) 隣同士の各学年での話し合いのポイント

それでは、

「隣同士で話し合ってごらん。」

というときのポイントは何なのでしょうか。何よりも、学年に応じて考えるということです。当たり前のことではありますが、学年によって聞くことに対するレベルは違っているものです。その学年らしいレベルのことをさせる必要があるのです。

○一年生

一年生は入門期です。

学校に、授業に、慣れることがすべてに優先する時期です。

このような時期には、隣同士になった相手と会話する楽しさを味わわせることが重要です。

話題も初めのうちは楽しく話せるものにして慣れさせていくことです。

授業でのペアでの話し合いは気を付けないと、片方が一方的に話して終わることもあります。一年生では特にその傾向は強いものです。言い方の強い子どもが自分の言う通りに話を持っていくのです。

それでは、話し合いは楽しいものになりません。

お互いに聞く時間をきちんととらせることを考えましょう。

○二年生ー三年生

この時期の子どもたちには、ペアになったときに、適切な聞き方を指導して徹底させることを考えましょう。基本は、傾聴三動作（うなずき・あいづち・賞賛）です。さらに、相手の顔を見て話す、聞くということなども徹底させます。

心で受け止めて聞くことはもちろん大切なことで、その話も折に触れて伝えていきますが、この段階では形から入ることも必要です。

○三年生ー五年生

この段階になると、井戸端会議のような普段の会話から、公的な言葉を使って話すこともさせていくべきです。

学校の授業における「対話」と普段の会話は違います。ていねいな言葉を使っても、親しく話すことができるようにしていくのです。

「僕は○○だと考えますが、どうですか？」

「△△についてたずねますが……」

というような言い方を教えて使うようにさせていきます。

一度や二度の指導でできるようなものではありませんから、時間をかけて少しずつ意識づけて使うようにさせたいものです。

また、話し手に質問する機会を作り、簡単な質問を繰り返していきながら、質問力をアップするということも大切です。三年生段階では何か質問するところまでできればそれで良いのです。それから徐々に話の中心に沿った質問へと近づけていくのです。

○五年生ー六年生

ここで、小学校段階におけるペアでの対話の完成期だと考えます。

相手の思い、考えを受け止めて、それに対して質問したり感想を述べたりすることが、公的な言葉を使ってできることを目標にします。

相手の話の中心となることを聞き取るトレーニングも必要でしょう。

ここまでの学年で身に付けてきた力が使えているのかを確認することも大切です。

このように、それぞれの学年にふさわしい目標を持って「隣同士の話し合い」を構成していきましょう。

第5章
話すことが苦手な子どものタイプを知る

聞きにくさも、話しにくさも、それぞれに個性がある。

その個性を見つめ直さないと、先へは進めない。

A　話し下手

いろいろな原因で話すことが苦手なのですが、いわゆる「話し下手」というのは、緊張してしまうことに大きな原因があります。ふだんの友だちとの会話では話ちゃんと話ができるのに、授業での話し合いになると、緊張してしまって話しにくくなるタイプの子どもです。

こういう子どもに対しては、緊張を解くのはどうしたら良いのかを考えます。

①　場数を踏む

経験を重ねること、つまり場数を踏むことによって緊張は少しずつ緩和されます。失敗することも時には必要な経験ですが、できれば最初のうちは失敗させないように配慮することが大切です。成功体験を繰り返してからならば、少しぐらい失敗しても良いのですが、それも子どもの性格によります。自己肯定感の低い子どもは、一度の失敗でも、亀が首を引っ込めて出てこないような状態になってしまいます。

②　「緊張しているのは自分だけではない」ということを教える

話すのが苦手な子どもは、自分だけが緊張して話せないのだという気持ちに陥りやすいものです。

みんな大なり小なり緊張しているのだということを、伝えてあげると、ちょっと気持ちが軽くなりますね。

③ 深呼吸する

緊張すると、呼吸が浅く速くなるものです。これを緩和するためには、逆のことをすれば良いのです。

深呼吸してから話すと、緊張がとれて楽になるよと教えてあげましょう。自分で緊張した、呼吸が早くなっているなと思ったら、自分で深呼吸を繰り返してから話すということを考えれば、少し緊張の緩和につながります。この方法でうまくいったと思ったら、続けていくでしょう。

④ 話すための基礎トレーニング

これこそ、学校の出番、教師の腕の見せどころです。トレーニングで少しは克服できることは間違いありません。

ただし、トレーニングのやり方を失敗すると、コンプレックスを重ねてしまうということは頭に置いておきましょう。

◎低学年で、毎朝の出欠確認の呼名（健康診断も兼ねたもの）のときに、名前を呼ばれたら、一言付け加えて話します。

「ハイ、元気です。」

だけでいいのです。特に言うことが浮かばなかったら、、人の真似をして同じように言うだけでいいのです。

そのうちに誰か一人が

「ハイ、きょうは朝ごはんがおいしかったです。」

というようなことを言います。

それを取り上げて

「今日は違った言い方ができましたね。すばらしい。」

と褒めてあげると、次からは真似をして似たようなことを言う子どもが出てきます。

次から次へと自分なりの言い方を工夫して話すようになる子どもが増えてきます。そこをうまく盛り上げていくことでバリエーションが出てきます。

それでもなかなか言えない子どもはいますが、他の子どもが話すことを聞いているだけでも学びになりますし、とりあえず毎朝少し話す機会にはなります。

B　話すことに自信が持てない

いろいろなことに自信の持てない子どもがいます。どのようにして自信を失っていったかは、子どもそれぞれで違っているでしょう。

家庭でおうちの方にディスカウントされていることが多くて、どうしてもすべてのことに対して自信をなくしてしまっている子どもがいます。

以前は積極的だったのに、ちょっとしたことがきっかけで、自信をなくしてしまった子どももいるでしょう。

家庭では褒められて育った子どもが、学校に入ったときに、先生や友達から失敗を責められたり、揶揄されたりしたことで、自信をなくしてしまった場合もあるでしょう。

いずれにしても自信のない子どもは、例外なく自己肯定感が低いものです。

自己肯定感の低い子どもは、周りを意識して話せなくなってしまいます。そのような子どもには、小さな自信を

いかに積み重ねてあげるかということと、さまざまな場面で良いところを見つけ出して、そこを大切にしていくことが必要だと僕は思います。

「自信を持ちなさい。」

といくら言っても、持てるものではありません。

「やれば、できるよ。」

と言ってもできません。

逆に、言えば言うほど、やればやるほど自信はなくなってしまうものです。


このような子どもへの手立てとしては、まずは自信を持てるためのきっかけを子どもに与えてあげましょう。これは学級経営において考えることです。


また、子どもの書いたものに対して、机間巡視で
「おっ、なかなかいいことを書いてるなあ。」

「おもしろい意見だね。」

などと褒めて、背中を軽く押してあげることも、小さなきっかけになります。

子どもというものは、小さなきっかけで自信を失うこともあれば、小さなきっかけで自信を回復することもあるのです。

C　話に入るタイミングがつかめない

話すタイミングとは、難しいものです。

僕自身がグループで話し合いを始めると、自分からなかなか話せない人間です。セミナーや研究会だと、ある程度僕のことを知っている方が多いので話をふってくれる場合もありますが、本当は、自分から話すのは苦手です。だから僕はグループで話すことそのものが好きではありませんでした。どのタイミングで話に入っていけば良いのかが、つかめないのです。

さて、テレビのバラエティ番組などで、ひな壇芸人っていますよね。ひな壇に並んで気の利いたコメントを突っ込んでくる人たちのことです。

分かる人しか分からないことを書きますが、そういう芸人たちの中に、ザキヤマさんという芸人さんがいますよね。

僕の苦手な芸人なのですが、彼は話に割り込んでくるのが実にうまいですね。ザキヤマさんはひな壇でとても目立っています。話に入るのがうまいのです。言い方を変えると、良い意味でのあつかましさがあるのです。

その逆で、漫才をしたら素晴らしいテクニックを持っていて笑いをとれるのに、ひな壇芸人としては全く目立たない人もいます。練りに練った話芸には長けていても、大勢の中でタイミングよく飛び出していくことは苦手なのです。

そういう子どもっているでしょう？　文章でじっくりと書かせたら、そこそこの内容のことは書くことができるけれども、グループでの話し合いにおいては、精彩を欠く子ども。それに対して割り込みの上手な子どもが話し合いを主導してしまいます。

毎日の話し合いにおいて、そのようなことが繰り返されていくと、実質的に話をする経験の量に差が出てしまうでしょう。

こういう子どもたちの現状に対しては、話し合いのときに、一人ひとりの時間を区切るという場を作るという手立てを打ちます。

一人につき一分ずつ話をしていく、というような話し合いの時間設定をするのです。

こうすれば、だれか一人だけがたくさん話したり、話に突っ込んでいきにくい子どもが話せなかったりというようなことも起こりません。

話すときに「機会均等」を作ろうということです。

D　他者を気にしすぎる

周りから何かを言われることを、必要以上に気にしてしまう子どもがいます。

実際には大したことは言われていないのに、被害妄想的に自分の悪口を言われているように思ってしまうのです。そういう子どもは、いつも周りに対して必要以上に過敏になっています。びくびくしています。

そういう子どもに、

「周りのことは気にするな。」

という言葉は効果的でしょうか？

そういう子どもにとっては「気にするな」という言葉は、

「周りをもっと気にしろ。」

と言われているのと同じように聞こえてしまうように思えます。

他者を気にしすぎていてびくびくしていたら、当然のように話すことには抵抗が生じます。

他人に言われることには種類があって、自分にとってプラスになることもあると、高学年では教えていきましょう。これは、学級全員に対して一般論として語ったり、個別にその子に合わせて語りかけてあげたりと、その両方の手立てを用いることで効果的になると思います。

精神的なフォローを入れつつ、本人には話すための技術をつけてあげないといけません。

周りが気になることは、おそらく根本的には直らないものです。

ですから、技術的なやり方を教えていくのです。技術があれば精神的に楽にはなります。

下記の表は、四年生以上での話しメモの取り方の例です。シンプルな方が考えやすくて時間も短くてすみます。

これはピラミッド・ストラクチャー（「資料」（一一三、一一四ページ）の学習指導案を参照）をメモの形式にしたものです。

自分の意見を固めてから話す協同学習に適していると考えています。

結論 席替えは、くじ引きで決めた方が良い。		
理由1	**理由2**	**理由3**
一番公平なやり方だから	好き同士だとおしゃべりしてしまうから	誰とでも隣同士になれるべきだと思うから

話しメモの取り方の例

E　謙譲の美徳

謙譲の美徳を体現したような人間っていますよね。先ほどのザキヤマさんと反対の性格です。それ自体は別に悪いことではありません。日本人が昔から大事にしてきた日本の美徳ではありま す。

しかし、このタイプは協同学習では損しますよね。

このタイプの子どもは、どうしても人に機会を譲って、自分は遠慮してしまう傾向があるので す。話せば話せるのだけど、

「どうぞ。」

と他の子どもたちに譲ってしまいます。

僕はこういう子どもには、

「いいんだよ、それがあなたらしくて。」

と言います。

なかなか自分が積極的に話さないことで

「自分はどうもダメだなあ。」

と、自己否定に陥らないようにしてあげたいものです。

それでも、必要な時には自分の意見を積極的に開示していくことも大切だよと、少しずつ諭していきます。

生きているといろいろなことがあります。時には自分の家族や仲間を守るために遠慮しないで意見を述べていくことも大事なんだよと語るのです。

話し合いにうまく入って行けるような技術や手立てはありません。

手立てとして強いてあげるなら、「C　話に入るタイミングがつかめない」のところでも書きましたが、一人何分ずつと時間を決めて、話す機会を均等化することがあげられます。でも、それは機会均等ではあるけれども、他者に譲るという子どもの考え方そのものにはなんの影響もしません。

子ども自身の在り方は否定しないこと。

F　考えがなかなかまとまらない

何をするにしても時間のかかる子どもっていますよね。

例えば、あることについて自分の考えを書かせようとしたときに、ほとんどの子どもが書けても遅々として進まないという子どもがいます。

このタイプは全般的に深く考えすぎる傾向にあります。国語の読み取りテストなどでは、一つのことに引っかかってなかなか先に進めずに留まってしまうのです。従って、全部を時間内に書き切れずに終わってしまいます。書いているところまでは全部正しかったりもするのです。

学校は常に時間に追われています。それぞれの子どもには個々にかかる時間がまちまちですが、どうしてもある時間の中で活動をしなければなりません。

今、アクティブ・ラーニング（主体的・対話的で深い学び）が導入される中で、この時間設定が大きな問題になっていくでしょう。なぜなら、主体的に子どもたちが考えるには、全員が同じ時間内に考えるということが、一斉指導よりも不可能になっていくからです。

時間をどんなにゆとりを持って設定しても、この「なかなかまとまらない」子どもは、時間内にまとめることは苦手です。

つまり、

「話し合いに入る前に、自分の考えをまとめなさい。」
ということが、そもそも成り立たないわけです。

「じゃあ、書けてなくてもいいから話したらいいんだよ。」

などと言っても、そういう子どもは話せないものです。頭の中でさっとまとめながら話すことも苦手なのです。

考え方にもよりますが、ある程度は仕方ないので、話し合いの時に自分は話せなくても人の話は聞けているのか、というところで評価していくのが良いのではないかと思います。

まとめるのは、時間制限のある授業という場の中では難しいですよね。できないことをクローズアップするだけだと、自己肯定感をさげてしまうことになります。できないことは仕方ないからと、そのことが自己否定につながらないようにしていくことが最も重要だと考えます。

協同学習は、一つ間違うと、話し合いを重ねる度に

「自分はダメだなあ。」

という気持ちを強化していきかねません。しかも、グループで進めていくのだから、一人ひとりの表情の変化を教師がつかむことはできません。

話せないことが自己否定につながらないように！

第6章 問いかける力（質問力）

「質問力」ということが、教育界だけではなく盛んに言われるようになった。

小学生の「質問力」を考えないと、必要以上のことをさせてしまうだろう。

「質問力」は聞く力の一つだ。

1　積極的に聞く力

質問というものは、受け身の行為ではありません。全くの受け身の姿勢で相手の話をただ聞くだけなら、質問とは言えません。

そもそも人は何のために質問をするのでしょうか。

基本は分からないことをたずねるためです。誰かの話を聞いていて分からないことが出てきたら、それをたずねて分かろうとする、それが大元の質問の動機です。この根底には、分かろうとする気持ちがなくては話になりません。

その気持ちは幼い頃はほとんどの人間の持っていたものです。なぜ「持っていた」というような過去形の表現になったのかというと、小学校の高学年にもなってくると、たずねようという意欲さえ感じられない子どもたちがたくさん出てくるからです。

その原因には、まず、年齢が上がるに連れて、他人の怖さも分かってきて、

「うかつに聞けないぞ。」

というような気持ちになることがあります。

よけいな質問をして、相手に嫌われたり攻撃されたりした経験があるかも知れません。

また、大人が子どもからの質問に対して
「よけいなことを聞きなさんな。」
とか
「どうして？　どうして？　ばかり言わないの！」
というようなことを言って、質問の意欲をそいでしまったこともあるかも知れません。
いずれにしても、積極的に質問しようとする力は、授業を通してつけていかなければならないのです。

ところで、人は相手に対して関心がないと、積極的に質問しようとは思いません。その「関心」にもいろいろな種類があります。

(1)　相手自身に対する関心

大リーガーの大谷選手やテニスの世界ランカーの大坂なおみさんへのインタヴューなどがこれに当たります。

例えば会見で質問する記者たちは記事の読み手や視聴者を代表して、その人物の人となりなどを質問していくのです。

これは子どもが新しく担任になった先生に

「先生、歳はいくつなの？」

「奥さんや子どもはいるの？」

などと聞いてくるのも個人に対する関心でしょう。

関心のない相手には質問する意欲もわきにくいということが言えます。

ということは、子ども同士がお互いに関心の薄いクラスでは、質問そのものが活発に交わされにくいということです。

教室の中の他人というような冷たい関係ばかりの学級だと、積極的な質問も起こりにくいということがあります。

(2) 相手の話す内容への関心

官房長官の記者会見などがこれに当たります。国民にとって関心のあることについて記者は代表として質問しているのです。

子ども同士の話し合いでは、話題が「自分たちで遊ぶときのルールづくり」であったり、「学級全体を巻き込んだトラブル」であったりと、自分たちの関心の高いものであればあるほど質問も多く、質も

中身のあるものになります。

(3)　関心を高めないと質問意欲はわきにくい

従って、話し合いに入るときにその内容についていかに個々の関心を高めておくのかということが、質問力を鍛える大前提になるのです。

協同学習でお互いに質問をする時間をとる場合がありますが、どう考えても当たり前で子どもたちもよく分かっていることについて無理やり質問させるような授業を見かけるときがあります。

研究授業だと子どもたちは先生のためにがんばって質問していますが、その目は全く輝いていません。

「それは、どうしてですか？」

「どう思いましたか？」

などと、当たり前の質問ばかりが聞こえてきます。

質問する方にも、質問を受ける方にも何の思いもありません。お互いに伝えたくもないことを言い、聞きたくもないことをたずねているのですから。

そんなことを繰り返していて、子どもたちに積極的に質問しようとする力（姿勢）が身に付くでしょうか。

学習で関心が高まるためには、自分の考えを持つことが必要です。

自分の考えがしっかりあると、同じことについて他の子どもが話す内容についての関心が少し高まります。

「私の考えと同じだね。」

「ぼくと、ここが違っているんじゃないかな。」

「どうしてそう思ったのか、聞いてみたい。」

などと考えながら聞くことが、質問する姿勢にもつながっていきます。

なんとなく考えさせるのではなくて、きちんとノートなどに自分の考えをまとめる時間をとります。そうすることで自らの考えがよりはっきりします。相手の話との違いも鮮明になってくるのです。

子どもたちの関心が高まるための工夫をしよう。

２「質問」の落とし穴

質問には、落とし穴があります。

なんでも質問していれば良いというものではありません。「下手な鉄砲も数うちゃ当たる」というわけにはいかないのです。

一年生のように、ともかくいろいろな質問をして質問そのものが楽しくなるようにするという目標ならば、それもありでしょう。しかし、中学年からは質問そのものも吟味して、意味のあるものにしていかねばなりません。

協同学習では、質問さえしていれば成り立っているように見えてしまいます。グループごとに学習していると、それぞれの子どもの質問の中身まではなかなか見えません。

また、小学校では、子どもたちが基礎基本を学んでいきます。何もできないところから、少しずつ力を付けさせていくのが小学校教育です。協同学習でも、話し方、聞き方に加えて、質問の仕方も徐々に学んでいくのです。つまり、はじめのうちは質問についても完成したものができなくてもかまわないのです。

質問だって失敗はありなのです。ただ、その失敗を認識できるかどうかがポイントです。これがまた、自覚するのはとても難しいことなのです。

そのほかにも落とし穴があります。

芸能リポーターの井上公造さんは、著書『一瞬で「本音」を聞き出す技術』（ダイヤモンド社、二〇一四）で、

「目の前の相手の気持ちに尊敬と感謝をもって接することが大事だとわかりました。僕はこのことを『質問に血を通わせる』と言っています。」

と語っています。

質問に血が通っていないと、やはりきちんとしたコミュニケーションなどはできません。というか、そこが協同学習において最も意義のあることだと思います。

それを抜きにして形だけの協同学習にしていかないようにしましょう。そうしないと、質問することが、子どもたち同士の関係を損ねたり、あまり好ましくないコミュニケーションへと誘ってしまう可能性があります。

それが「質問の落とし穴」です。

もう少し、具体的に見ていきましょう。

(1)　相手には感情がある

質問する相手には、必ず感情があります。これも当たり前のことなのに、質問に気持ちの入り過ぎている子どもは、そのことをついつい忘れてしまいます。子どもというものは、一つのことに夢中になると、相手の感情への配慮などが考えられなくなるものです。（大人にもそういう方はいらっしゃいますが……）

人は質問の言い方（例えば、上から目線の偉そうな言い方など）や質問の中身（聞かれたくないことをたずねられるなど）に対して、感情を揺さぶられます。不快なこともあります。

顔をちゃんと見ていたら、恥ずかしいのか、嫌なのかということが分かるはずですから、ともかく、まずは顔をきちんと見ながら質問するということを徹底しましょう。

◎なぜ顔を見ながら話さなければならないか

ただし、何度か言っていることですが、自閉スペクトラムの子どもの中には、顔を見て話すことにものすごくストレスを感じる子どもたちがいるので、そのことを考えましょう。子どもたちにもそういう特徴のあることを理解させておくことは、インクルーシブ教育において大切な視座です。

◎顔を見ながら話すときにどんなことに気を付ければ良いのか

「友達がどんな顔（表情）で質問を受けているのかを観察しながら話すんだよ。」

「みんなが大人になったとき、会社の仕事で他の会社の人と話し合う機会がきっとあります。そのときに、相手の人が嫌な思いをしたら、話はうまくまとまるでしょうか？」

「人にたずねられたときに、嫌な言い方をされたら、うれしくないよね。顔を見ていないと相手がどう思ったか、分かりません。顔を見ながら質問することで、自分の質問の仕方が良かったか悪かったかも分かるんだよ。」

そういったことを同時に話して、指導していきます。

質問するときには、相手の感情を意識させる。

(2) 問いかけが攻撃になる

先ほども述べたように、僕は新卒から五年目までの若い先生方の授業を観て指導するという仕事をしています。教師教育が僕の本業なのです。

いつもは、基本的に強く叱るとか厳しい言葉を投げつけるということはしないように心がけています。

なのに、その若手が私学の集まりの懇親の席で

「多賀先生は、怖いです。」

と他校の先生方に言うのです。それを聞いた僕が

「えーっ、怖いか？　僕は怒ったりしたことないでしょう。」

と言うと、

「多賀先生は、笑っているけど怖いんですよ。昨日も授業案を持って行ったら

『これは、どういう意味なの？』

『こう聞いたら、子どもはどんな答えをするのか予想していますか？』

『その問いかけで子どもが理解できますか？』

『子どもがゆき詰まったら、どう言おうと思っていますか？』

と言われていると、アイスピックでつんつんと突き刺されているような気がするんです。」

と言いました。

若手のこの言葉には、はっとさせられました。

これが「問いかけながら攻撃する」ということですね。

こういうことが生じるのは、こちらがある程度分かっていることを相手に質問している時なのです。

僕は彼に対して、

『これは、どういう意味か分かりません。』

『子どもはどんな答えをするのか予想していないでしょ。』

『その問いかけでは、子どもは理解できません。』

『子どもがゆき詰まったら、どう言うかを考えていないでしょ。』

ということが言いたかったのですね。それを質問形式にして問いかけるのは、確かにアイスピック攻撃になってしまいます。

僕とその若手との間には、三〇年以上の経験と学びの差がありますから、まだ彼は僕の話を否定的に受け取らずに聞いてくれます。僕が上から目線で話していても、これだけの差があれば、素直に聞いてくれるのだと思っています。

しかし、子ども同士の質問のときには、このような問いかけ攻撃は、感情的になったりしてトラブルの元となります。お互いの関係も決してよくなりません。

よく分かっている子どもが質問の形で相手の子どもに「このことを君は分かってないだろう。」とばかりに突きつけたら、相手の子どもはイヤな気持ちになるでしょう。その様子だけでも好ましくないですよね。

子ども同士は常にフラットな関係であるべきです。

質問するときも、答えるときも、子ども同士は対等でないと、それこそ「対話」にはなりません。ですから、質問しながらそれが攻撃になることもあるということも、高学年では教えていきたいものです。自分が分かっていると思うことを話すときは、質問にせずに意見として言うことが相手を傷つけにくいことも教えていきたいものです。

3　質問の根底に持つべきもの

アイドルグループ嵐の活動休止の記者会見で、一人の記者から

「多大な功績を残されてきて、お疲れ様でしたという声もある一方で、やっぱり無責任じゃないかという指摘もあると思うんです。」

という質問が嵐に投げかけられました。

この質問は大批判を巻き起こしました。嵐のファンのみならず、あまり関心のなかった人たちまで巻き込んで批判の大合唱となりました。誰が言ったのかと犯人探しも盛んとなり、間違えられた記者も出てくるし、言った記者がその後で担当を外されたという話も流れたり……。

ともかく、大騒ぎになったのです。

この出来事は我々に質問というものの怖さを知らしめてくれています。いったい、何が問題だったのでしょうか？

質問そのものは、それほどひどいものではありませんでした。ただ

「無責任」

という言葉がひじょうに重くて、個人を攻撃するものとしてとらえられたのだろうと思うのです。

その言葉には、質問する相手を糾弾するようなニュアンスが含まれているのです。そこに多くの人たちが憤ったのでしょう。

その場は、不祥事の謝罪会見ではありませんでした。疑惑を説明するための会見でもなかったのです。つまり、追及して責める場ではなかったということです。

そして、その場に立っていた嵐のみなさんは、決して明るく楽しい気持ちでいたのでもありませんでした。苦しさ、複雑さのにじみ出たような場だったのです。

「その場で、この『無責任』という質問はないだろう。」というのが、多くの人たちの気持ちではなかったのでしょうか。

「場の空気を読む」ということが質問する場合に大切なこと。

さらに、もっと大切なことは、その記者が本当はどう思っているかは分からないけれども、質問する相手に対する思いやりが欠けていたと見えてしまったということです。

いろいろな意味での配慮が足りなかったのです。

質問者は、質問する相手に対して、リスペクトと思いやりがなければなりません。

リスペクトは、相手を人間として大切にするということです。これは、大人相手であろうが、子ども同士であろうが同じことです。

ただ、大人は社会人としての責任を持っての行為であるのに対して、子ども、特に小学生においての相手へのリスペクトは、学んでいくことなのです。

そして、思いやりは、すべての子どもたちがもともと持っているものですが、相手に質問するときの思いやりとはどういうものかということを、ケース・バイ・ケースを通して考えさせていかねばならないのです。

これは、子どもたちの話し合っていることをよく観察していて、相手への思いやりの感じられるケースを見つけて取り出し

「こういうときに、こういう聞き方をするのは、いいねえ。」

とか、

「この質問は、相手の思いを大切にしている質問だよ。」

などと、解説していくことをこまめにしていくと良いでしょう。

質問には、相手へのリスペクトと思いやりを。

4　相手の良さを引き出す

質問力の大切な要素の一つが、相手の良さを引き出すことだと思っています。良さを引き出すためには、まずは、第一声って大切ですよね。

子ども同士の質問のときに、名字を呼ばせていますか？

「○○さん、……についておたずねします。」

という言葉からスタートさせましょう。

親しみをこめた、

「○○ちゃん、……聞きたいんだけど。」

というような言い方が良いのではないかと勘違いしている人がいますが、そんなことはけっしてないのです。人はきちんと名前を呼ばれることで、自分への敬意を感じるものです。

協同学習をしながら子どもたちが人とのコミュニケーションの在り方を学んでいくのだとしたら、名前

で相手を呼ぶことと「さん」付けで呼ぶことの大切さは教えておきたいことです。

それは、ひいては相手の良さを引き出す第一歩になるのです。

良さを引き出すには、相手の話を肯定的に聞くことが大切です。批判的に聞いていたのでは、相手の良さは引き出せません。対話とディベートの違いについてこれまで語ってきましたが、まさしく対話における質問力というものです。

具体的には、相手の大切にしているところをしっかりと聞き取ることが大切です。

「○○さんの一番言いたいところは、ここですよね。」

と、相手が聞いてほしいところを汲んでから

「それで、その言いたいところのここんところをもう少し説明してもらえませんか?」

と、質問します。

これができるようになると、相手は気持ちよく語ってくれます。自分の言いたいことを理解してもらえることは、自分の良さを引き出してもらえることでもあるのです。

相手の一番言いたいことを見付けることが良さを引き出すことにつながる。

5　質問の準備を整える

協同学習における質問の準備が難しいのは、事前にはあまり準備できないということです。話を聞きながら質問することを準備しなければならないのです。これはかなりの高等技術で、すべての子どもたちが簡単につかめるようなものではないでしょう。

でも、できるようになれば、将来にわたって凄い力となるでしょう。

質問は具体的でなければいけません。

例えば、相手の話を聞いて質問するときに、

「良かったよ、今の話は。」

と言うのと、

「今の話は××××のところが良かったよ。」

と言うのとでは、相手のとらえ方は全然違いますね。

そのためにメモを取るのは一つの手立てではありますが、前の章で述べたように、メモを取るのに向いたタイプとそうでないタイプがいるわけですから、一律に同じ対応をさせない方が良いと思います。

国語の教科書にはメモを取らせる単元があります。そこで教科書を基本にしてメモを取る練習はさせればいいですが、できない子どももいることを忘れないように。

僕はメモを取るのは、すべての子どものできることではないと考えています。

ところで、前もってできる準備はないわけではありません。同じテーマで自分の考えをまとめていると、話し手の言葉に自分との相違点を見出すことができます。

だいたい、小学校の協同学習の場合、同じテーマでそれぞれが自分の考えを持ってから「対話」に入るのが多いわけですから、しっかりと自分なりの考えを書いてまとめる時間を取らなければなりません。

そして、質問したら、相手にも答えるための準備の時間を取ることの大切さも教えましょう。

「人は黙っている間は考えているんだよ。ちょっとだけ、待とうよ。」

と教えると良いのです。

■資料

協同学習における「聞く」授業の実際

◆三年「聞き合い」の授業
物語形式の指導案
◆五年「宮沢賢治の○○を探る」
※実際の学習指導案から「聞き合う」ことの意味を考えるための資料
※授業の振り返りもそのまま示した

◆「聞き合いの授業」

「聞き合い」をメインとした授業の具体的な事例を示しましょう。尼崎の公立小学校で実際に行った授業の指導案を示します。学習指導案をそのまま載せますが、指導案形式を従来とは少し変えて、読み物形式にしています。

教科書の分析から書いているので、参考にできることは多いかと思います。

◎三年 国語科学習指導案

「聞きやすさ、話しやすさを考える」

二〇一九年五月二九日　園和北小学校　三年生

追手門学院小学校　多賀　一郎

◎単元

『よい聞き手になろう』（光村図書　三年）

◎目標

○話の中心に気を付けて聞き、質問をしたり感想を述べたりすること。

○聞き合いをするときに大切な事について考え、自分の聞き方を見直そうとする。

◎教科書教材を分析する

この単元は、「話す、聞く」の中の「聞くこと」に焦点を当てています。教科書の本文では、聞き合いを通して質問をしたり、感想を言ったりする「よい聞き手」をめざしています。「よい聞き手」とは何かというと、教科書では次の四つがあげられています。

A　話の中心（話し手がいちばん話したいこと）に気をつけて聞く。

B　自分だったらどうかと考えたり、自分の知っていることとつなげたりして聞く。

C　話し手が話したいことにそったしつもんやかんそうを言う。

D　ほかの人のしつもんやかんそうも、よく聞く。

これらを三年生の前半という時期で深く考えてみましょう。

A 話の中心に気を付けて聞くというのは、かなりの高等技術です。人はほとんどの場合、自分の考えに沿ってしか聞くことができません。自分の思いよりも相手の話の中心に気を付けるということには、何よりも、客観的な聞き方が求められます。三年生には、まず無理なことではないでしょうか。

話し手の「いちばん話したいこと」を考えようという発想ならば少しは三年生にでも理解できますが、いろいろと話す中からそれをつかんで聞くには、少しトレーニングを積む必要があると考えます。

B 自分だったらどうかという考え方ができるかどうかは、題材によるのだと思います。どんな題材でも自分だったらこうすると考えることは難しいことです。

そして、自分の知識にどうつなげていくかは、さらに難しいことです。

自分の興味関心に左右されずに自分につなげていくことをしなければなりません。これは三年生のレベルでは無理なことだと思います。従って、題材をできるだけ多くの子どもたちが共通して興味関心を持てるものにする必要があります。

C 話し手の考えに沿った問いや感想を発するためには、話し手の考えの中心となるものを理解しなければなりません。ここでも、話の中心をつかむためのトレーニングを重ねる必要があります。また、質問力は子どもたちに身に付けてほしい大切な力ですが、三年生では、どのくらいの質問力を目標とすれば良いのでしょうか。そして、個々の子どものレベルに合わせて見ていかないと、全員に同じレベルを要求してはいけないでしょう。

日常の話し合いにおける質問や社会科の発表での質問など、いろいろな教科での質問を記録しておくと、子どものレベルと成長が分かりやすくなると思います。

でも、教師がそれをするのは時間もかかるし、元々困難なことですから、子ども自身が毎回記録をとっておくと良いでしょう。

D　他の人の質問や感想をよく聞くことについては、聞いたかどうかの可視化が必要です。そういう観点での振り返りを書かせていくと良いでしょう。

聞いたかどうかだと、具体的ではないので、

「誰のどんな感想をどう思ったか。」

「だれの何という質問をなるほどと感じたか。」

といった観点が考えられます。

自分で振り返って自己評価し、それからの自分につなげていければ良いですね。

■指導に当たって

◎以上を踏まえて、良い聞き手とは何かを考えさせるための手立てを考えました。

悪い聞き手になってみさせて、話し手と聞き手の両方の体験をさせるという方法です。話していて、聞いていての両方の嫌な気持ちを体験することによって、良い聞き方を考えなければならないという必要性が生まれてきます。

それによって、子どもたちに話をするときにどのような聞き方が良いかを考えさせるのです。

◎話の中心を考えながら聞くためには、キーワードをとらえることをトレーニングしていきます。

英語を聞き取るときには、ポイントとなるワードを聞き取り、それをつなげて意味を考えるということをします。それと同じで、話を聞くときに細部に渡って聞き取るということはできないので、キーワードを取り出すということを教えて、トレーニングにつなげていく時間をつくりたいと思います。

◎また、教科書では、話の中心を考えてから、「はじめ―中―おわり」で話の組み立てを考えて話すことを考える流れになっています。

保護者会や子どもたちへの訓話など、いろいろな先生方が話すのを聞いていても、「はじめ―中―おわり」で話している方を聞いたことがありません。そういう話し方をしている方を見たことがありますか。「はじめ―中―おわり」の組み立て方は、案外話しやすい組み立て方ではないということです。

それを考えると話の組み立てについては、別の考え方が必要だと思っています。

それがピラミッド・ストラクチャーです。

「ピラミッド・ストラクチャー」とは、ロジカル・シンキングのための思考ツールです。

まず、自分の伝えたいことをはっきりさせます。それに三つの理由をあげます。そして、先に伝えたいことを話してから、その理由を語るという順で、自分の話を組み立てるのです。

実際には、理由は三つと限定されるものではありません。二つでも五つでも、必要であれば増やしてかまわないのです。

ただ、三年生の初期の取り組みとしては、理由は三つくらいが適当だろうと考えています。

今回の授業では、最初の時間の聞き合いによって聞き方を考えることを示したいと思います。

■単元指導計画

第一時

聞き合いを通して聞きやすさ、話しやすさについて考える。

第二時

キーワードを聞き取るトレーニングを知り、これから練習する礎にする。

第三時―第四時

ピラミッド・ストラクチャーを使って、筋道立てて自分の話を組み立てることを知る。

第五時

お互いに聞き合いをして、自分の聞き方を振り返る。

■本時の展開……第一時

めあて……聞き合いを通して聞きやすさ、話しやすさについて考える。

① 物語を読み聞かせする。

※集中して聞く。

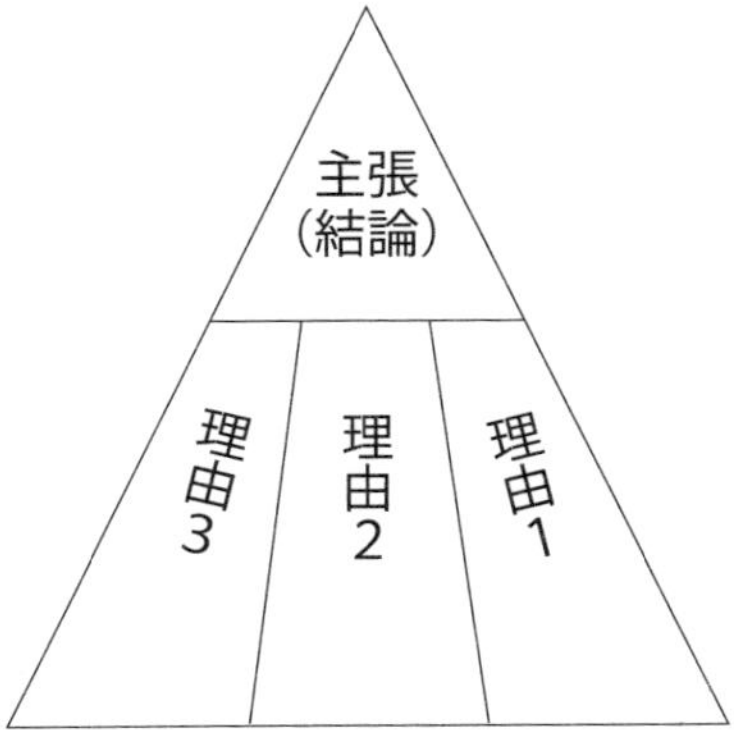

ピラミッド・ストラクチャー

●選書の観点は、以下のように考える。
※三学年の子どもたちの理解できる内容
※多様な考え方が出てきそうなもの
※この学年の子どもたちには、一年二年時と、全員に「ブックトーク」を行ってきました。
　多賀が読み聞かせをすることには抵抗なく入れるだろう。

②感想を短くシート（一一八ページ「よい聞き手になろう」）に書く。
●後でそれを元に話すことを伝えておく。話すために書くということである。
時間は二分程度。書き切れなくても、話すためのものだから問題なし。

今回は絵本の読み聞かせにしたが、教科書下巻の読み聞かせの教材を使っても良いだろう。

③隣同士でペアになって聞き合いをする。ただし、そのときの聞き方は左記のように指定する。

・笑顔にしない
・腕を組む
・視線を絶対に合わせず、横向いて
・うなずくなどの反応を一切しない

交代して、お互いに聞き手と話し手になる。

●一回ずつ、話し手、聞き手として感じたことをシートに書くようにすることで、それぞれの立場でどんなことを感じるかはっきりさせる。

●相手の思いを受け止めないような姿勢であえて聞かせることで、話しにくく聞きにくいことを実感させたい。

④ 話し手、聞き手の左記のそれぞれの思いをクラス全体でシェアする。

・話しにくい
・聞きにくい
・いやな感じ
・続いていかない

●子どもたちの感じたことをまとめて、板書して整理することで、子どもたちが一人ひとり考えやすくする。

⑤ どうすれば話しやすくなるのかを考える。

個人でシートに書く

四人グループで話し合う

●よい聞き手とはどんな聞き方をするのかを考えさせるのだが、個人でしっかりと考える時間をとりたい。それをシートに書いてから話し合いをさせることで、聞き流したり、他者に引っ張られたりすることを避けたい。

⑥話し合ったことを出させて、その中から、自分の聞き方をシートにまとめる。

●全体でシェアしてまとめていくのではなくて、全体の考えを見ながら、自分としてはどのような聞き方をしていくかを決めさせたい。

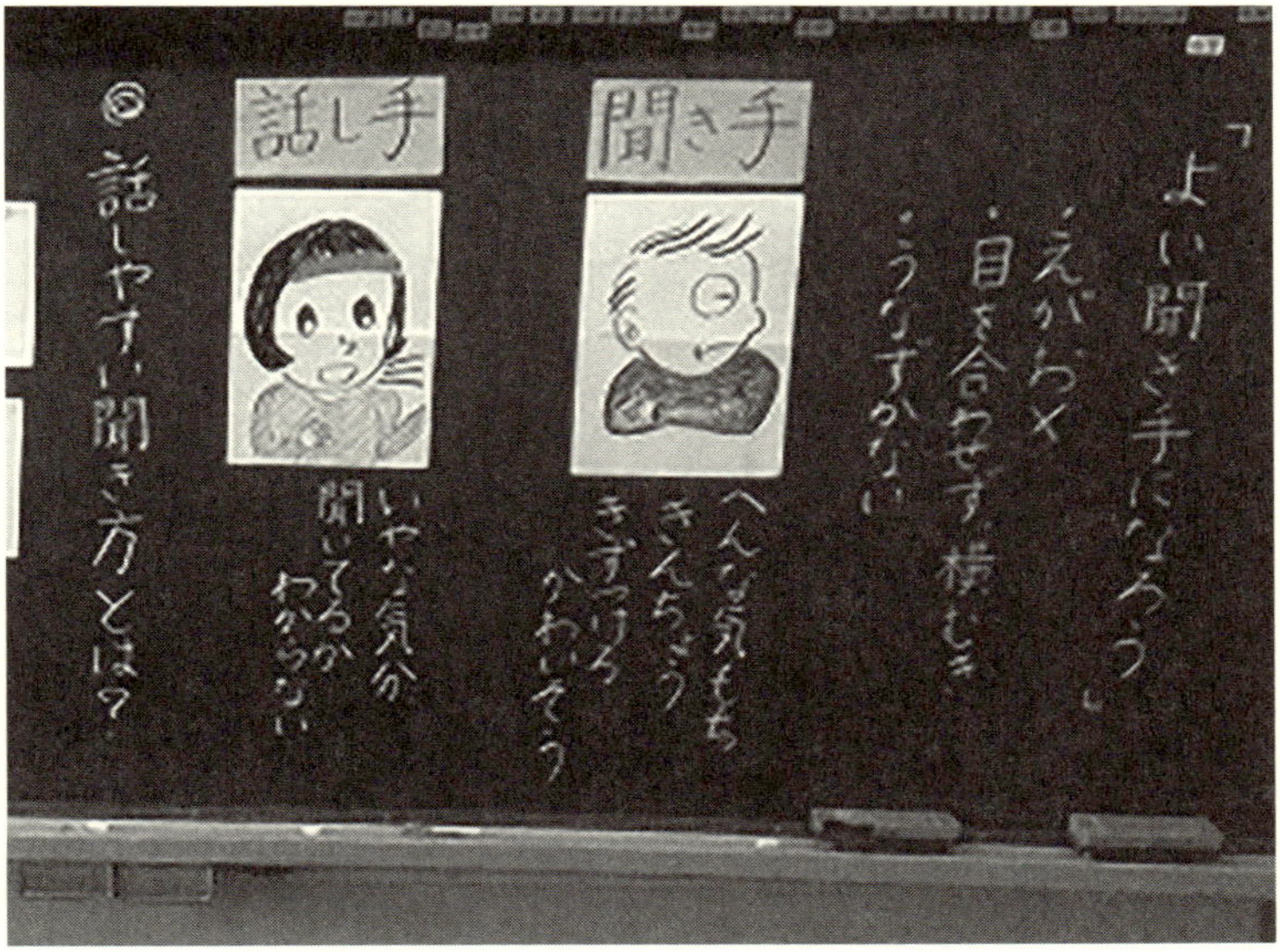

三年生「よい聞き手になろう」　名前【　　　　　　　　】

①絵本を聞いての感想

聞き手になって思ったこと

話し手になって思ったこと

話しやすい聞き方を考えよう

自分の考えたこと

みんなの意見も聞いてまとめたこと

自分はこうしようと思う

■単元指導の詳細について

第二時

『聞き取り　ベストファイブ』（四九ページ）を使って、簡単な説明文を聞いて中心となる言葉を取り出す方法を知り、これから練習する礎にする。（以後、毎時、練習する。）

第三時―第四時

ピラミッド・ストラクチャーの使い方を知り、実際に使って筋道立てて自分の話を組み立てることを知る。

テーマは、学級における問題点が良いと思われる。事前に子どもたちからアンケートをとり、話し合いたい課題を持ち込むようにする。

自分で話すことをシート（一二〇ページ）にまとめて書く。

第五時

シートを元に四、五人のグループでそれぞれ聞き合いをしてから、意見を交わしてまとめていかせる。

言いたいこと		
わけ３	わけ２	わけ１

ピラミッド・ストラクチャー型のワークシート（第三時）

◆こういうところで「聞き合い」を
―アクティブ・ラーニング型授業について―

この授業は、アクティブ・ラーニング型の授業を追手門学院小学校でも取り組んでいこうという話になったので、最初に一つの見本例として公開したものです。

当時はまだ「主体的・対話的で深い学び」という言葉が文科省から出てきていない時期でした。僕はアクティブ・ラーニングには特定の形はないと思っています(文科省もそう言っています)が、どのような形をとろうとも、対話的な学習を仕組んで深い学びに導くのならば、聞き合うことが重要になってくると考えています。

聞き合うことを中心に据えて先生方に授業公開したので、指導案には、先生方への問いかけやお願いも書かれているという独特の形になっています。例えば、授業中に子どもがさぼっても、おしゃべりしていても、一切口出ししないように強くお願いしました。

それも、そのまま示したいと思います。

さまざまな授業研究をしていかれるうえでも、活かしていただけることがあるだろうと考えました。

模索しながらの指導案であるということをお分かりいただければ、幸いです。

「宮沢賢治の〇〇」を探る

二〇一五年　五月

追手門学院小学校五年生
多賀　一郎

■僕なりのアクティブ・ラーニング（以下Ａ・Ｌ）の授業を公開します。

Ａ・Ｌには、決まった方法はありません。子どもがアクティブであったかどうかが最大のポイントです。五月一六日から五日間、毎日、公開します。この五時間で子どもが全員変わるなどということはあり得ません。

しかし、いくつかの提言はできるのではないかと思っています。

今回はやはり国語の授業、それも教科書を使うことにしました。国語はＡ・Ｌで扱いにくいですが、国語の力として「聞き合い」や話し合い学習など、Ａ・Ｌに活かしていける要素が多々あると考えています。

教科書の『宮沢賢治』は、読書教材として位置づけられていますので、宮沢賢治作品を読むということを授業に取り入れます。書を読み、教科書教材にある賢治の生き方などから、子どもたちが何かを得ようとしてくれることを願っています。

◆子どもが主体的に動くとはどういうことか?

もしも、授業をご覧になって、不適切な行為が目についても、一切、手出しはしないでください。終わってからの注意も不要です。全部、子ども自身でリフレクション（振り返り）させます。

・常に子ども自身が何をしているかを分かっていること。
・「聞き合い」などの活動の意味が子どもに伝わっているかということ。
・リフレクションによって、どのくらい振り返ることができるのか。

それらを見ていただいて、できていなければ、それはなぜかを考えてください。僕の作った展開が子どもたちにミートしなかったのかも知れません。特殊な学習形態に合わなかったのかも知れません。多くは授業者である僕の責任ですが、では、どうすれば良いのかと考えてみてください。みなさんに考えていただくための授業公開です。

◆インストラクションとリフレクションが大切

インストラクションとは、子どもたちに学習の見通しを伝えたり、その学習の持つ意義を説明したりすることです。授業のスタートでこれを端的に説明できるかは、一つのポイントです。

また、リフレクションでは、自分の在り方を問います。教師はここにも、一切、口をはさみません。

■めあて

・教科書『宮沢賢治』（東京書籍　五年）と賢治の作品から、学びたいことを学ぶ。
・人の話を聞き合うことができる。
・自分の学習の在り方を考えることができる。

■単元指導計画

◎第一時……五月一六日（月）
Ⅰ　初読……「賢治の○○○」を考える。（一人）
Ⅱ　教科書と賢治の作品、その他の資料を使って、自分の追究したい「賢治の○○○」を決める。理由もノートに書く。
Ⅲ　シェア（聞き合い）する。
聞き合い自己評価カード（一二五ページ）……傾聴三動作（うなずき・あいづち・賞賛）を確認する。

◎第二時……五月一七日（火）　◎第三時……五月一八日（水）
Ⅳ　一人学習……チームと自分の課題を追究する。
●賢治作品を読む。学校で用意するが、自分で持ち込んでもオーケー。

●言葉カード（一二七ページ）も考える。
●分からないときは、たずねても良い。
●教え合いは自由。
Ⅴ　一人で「賢治の〇〇〇って何？」を作り、ノートにまとめる。
◎第四時……五月一九日（木）
Ⅵ　チームで聞き合って、アドバイス。
Ⅶ　アドバイスを踏まえてシート（一二六―一二八ページ）にまとめる（清書）。
◎第五時……五月二〇日（金）
Ⅷ　評価し合って、リフレクション（振り返り）。

聞き合い自己評価カード

聞き合いができたか？　〇か×	／	／	／
①　話し手の顔を見て聞いていた。			
②　傾聴三動作を意識していた。 （うなずき・あいづち・賞賛）			
③　話が終わるまで聞き切った。			
④　相手の思いを聞こうとした。			
⑤　話の途中で口をはさまなかった。			

宮沢賢治から学ぶ

この学習のめあて

この学習は君たち一人一人が自分で考えていくことが最大のめあて。

※　人の話を聞き合うことができたか？
※　自分なりの方法でまとめることができたか？
※　自分の学習への姿勢をリフレクション（振り返ること）ができたか？

5年　　組	名前

◆　学習の流れを見通す

①　初読・・・「賢治の〇〇〇」を考える。
（一人学習）・・・理由も書く。
②　聞き合いして、自分の追及課題を決める。
聞き合い評価カード

③　一人学習・・・賢治の作品を読み、自分の課題を追究する。まとめる。
◎　言葉カードも考える。
◎　教え合いは自由
◎　自分で資料を用意しても良い。

④　チームで聞き合って、アドバイス
⑤　「賢治の〇〇〇」を完成する。

⑥　チームでシェアしてリフレクション（振り返り）
◆　「聞き合い」について

※　傾聴３動作

うなずき

あいづち

賞賛

聴き合いができたか？ 名前【　　　　　】	○か×		アップかダウンか
	5/16	5/19	
①　話し手の顔を見て聴いていた。			
②　傾聴三動作を意識していた。 うなずき・あいずち・賞賛			
③　話し終わるまで聴き切った。			
④　相手の思いを聴こうとした。			
⑤　話の途中で口をはさまなかった。			

◆　自分の作った

「宮沢賢治の　　　　　」

課題設定の理由

● 言葉カード　　名前【　　　　　　】

理想		みりょく（魅力）	
現実		自然のふところ	
宗教		みにくい欲望	
実現		りょう養（療養）	
舞台		質屋	
そぼく（素朴）		ゆう福（裕福）	
おくびょう（臆病）			
みずみずしい			

宮沢賢治の	

リフレクション
自分のがんばりはどの程度か？

5　4　3　2　1

理由

完　成

宮沢賢治の	

◆ みんなからの意見

■ 振り返りシート　　名前【　　　　　　　　　】

◆ 他の子どもから、深まったこと・学んだこと	◆ 学習の仕方について、どう思ったか？

リフレクション

自分のがんばりはどの程度か？

5　4　3　2　1

理由

■具体的指導について

さらに細かい指導について書く。

●第一時　学習の見通しプレゼンテーション

①　価値のインストラクション
※ワークシートを配り、今回の五時間の授業の意義を伝える。
—自分で考えて友達と相談して創りあげる五時間であること。
自分がこの五時間でどういう学び方をしたかを考えていく時間であること。

②　学習の見通しのプレゼンテーション
※「賢治の謎」「賢治の秘密」「賢治の考え」などのタイトルは自分でつけること
※賢治作品から読み取っていくこと。自分で調べた資料は持ち込んで良い。

③　初読……教科書『宮沢賢治』を読む。
黙読。

④　自分の追究したい「賢治の○○○」を作る。

⑤　聞き合い自己評価カード（一二五頁）を配り、聞き合いの仕方を説明して、チームでシェア。

※教師は傾聴三動作（うなずき・あいづち・賞賛）の確認をする。
一人一分ずつの『宮沢賢治』の聞き合いをする。
※聞き合い自己評価カードに記入する。

●第二時―第三時　ひとり学習……ノートにまとめる。

第二時　インストラクション

本時のめあては、自分で考えてできたかということ。
※賢治作品を、最低一つは読む。
※分からないことは、友だちに教えてもらうのも可能。
※言葉カードは完成する。……意味を書いても、辞書引きもオーケー。○だけつけても良い。
リフレクションは、次時。三分前にタイムアップしたときに、明日することを目をつぶって考えさせる。次時は、授業が始まったら、すぐに何をするかをイメージさせる。

第三時　インストラクション

特にインストラクションせずに自然とスタート。説明は一切しない。教師は本時のめあて（第二時に同じ）だけ書く。

※自分で考えてまとめる。
※時間設定……ラスト五分まで。
リフレクション……聞き合い自己評価カードで自己評価する。
※明日、チームで各自の「宮沢賢治の〇〇〇」の内容を二分間説明することを伝える。その準備は各自でどうぞ。
時間は一切待てないことも確認。

【アクティブ・ラーニングでは各自に任せることが多くなるので、どうしても時間の差が生じやすい。タイムマネージメントは重要なポイント】

●第四時　チームでシェアする。

※チームでシェアする。
※二分ずつ聞き合いして、三人からアドバイスを受ける。
■聞き合い自己評価カード（一二五ページ）
■傾聴三動作の確認
※残りの時間で、各自でシートにまとめる。
※ラスト一分で聞き合い自己評価シートに記入する。

●第五時　シェアとリフレクション

※ポストイットでお互いに評価する。

※評価しあって、振り返る。

■授業を振り返って

いつもと違う動きがたくさん見えて、担任が驚いていました。追手門は一斉指導型が多くて、あまり協同学習を頻繁には行いません。ましてこのような学習形態は新鮮だったようです。

いつもは何やら定規や消しゴムで遊んでいたり、教師の話にふざけた突っ込みを入れたりする子どもが自分のしたいことに集中していました。友達とは聞いたり聞かれたりすることはなかったのですが、自分のしたいことをどんどん一人で追究していました。

日ごろはこそこそとおしゃべりしたり、授業の準備になかなか入ろうとしなかったりする子どもたちがいました。彼女たちが授業のスタートをどう切るのか注目していましたが、チャイムが鳴ると同時にそれぞれの学びをスタートして、ゆき詰まったら移動して友達にたずねに行くという姿が見られました。

宮沢賢治の作品を学校では読む時間が足りないということで、持って帰って熟読してきた子どもたちもたくさんいました。

ふだんは、かなり受け身で学ばせていたんだなと思わされました。

コンテンツとしては、不十分なものであったし、タイム・マネジメントもうまくいきませんでした。

◆インストラクションについて

特にポイントとしたのは、最後の時間に作成したものを見てもらうという終わり方を示すことでした。最後にすることを示すことで、「次、なにをしたらいいの？」というような受け身的な関わりが減ると考ええました。

実際には、はっきりとポジティブだったと言えるほどのことはありませんでした。

・子どもたちにこの学習をなんのためにするかという説明も大切にしましたが、一度の説明ではこれは伝わりにくいものだと思いました。従って、二時間目も説明を加えました。

こういう学習に慣れると、説明は一回で通るものだと考えます。

聞き合いを通じて人の話を聞いて、課題の書けていない子どもも考えることができていました。

これは聞き合いの成果の一つだと考えています。

・毎時間、ラスト一分で目をつぶり、明日することと明日までに自分がしようと思うことを想起させ、次の時間は挨拶無しで各自でスタートだと伝えていました。

五分前から教室に入って、子どもの様子を観察していましたが、五分前から学習に入っていた子どもは六名。

チャイムと同時にスタートした子どもが二六名。

友達の様子から動き出した子どもが四名。

という様子でした。授業が始まってもぼうっとして何もしないような子どもは一人もいませんでした。

・辞典の数が足りなくて、複数で使うところで、待つ間がもったいないからとその間に宮沢賢治作品を少しでも読んでおこうという姿は多数見られました。これも受け身でないことの表れだと考えます。

◆シェアとリフレクション

ポストイットでお互いに評価し合って自分で振り返る活動は、子どもにとって新鮮で楽しく、たくさん時間がほしかったようです。けれども、そちらに流れ過ぎてリフレクションが弱くなってしまいました。

それぞれの適切な時間というものを考えていかねばなりません。

・Kさんは、完成文も数行でストップして、その後はぼんやりとしていました。

この子だけは、それ以上動く気もなかったようです。消しゴムで遊んだのは、五時間通じてこの子だけでした。アクティブ・ラーニングでは、こういう子どももいるということです。

しかし、まとめも三行しか書いていませんでしたが、その内容は賢治作品から自分が考えて見つけ出したもので、丸写しの多かった子どもたちとは、一線を画するものでした。

子どもの作品からも、子どもを読み取らねばならないことを教えてくれたように思います。

・子どもの主体性を重視するということは、Kさんのように自分で「終わった」と判断して以後は気楽に過ごしているという子どもも出てきます。それもありにしないと、主体的な学びとは言えないと考えます。

学び方の多様性は、かかる時間にも多様性を持たせるということでしょう。

あとがきにかえて
――「対話は形式だけでは成り立たない。」個々の思いをどう読み取るか

僕が公立小学校で五年生に国語の一斉授業をしたとき、参観の先生のお一人から強烈なご批判をいただきました。

「このような授業は旧い時代のもので『主体的・対話的で深い学び』に、なっていない。今後、なくしていかないといけないものである。」

と、なかなか辛辣でした。

僕は一斉指導のモデルを見せてほしいと言われたのでそのような教師主導型の授業を行ったのですが、意図が全く伝わっていなかったようです。

「一斉指導は旧いからダメだ。」

「協同学習でなかったら、子どもは生き生きとしない。」

というような「決めつけ」をされる先生方がいらっしゃいます。こういうことをおっしゃる方々は、若い先生に多いのが残念なことです。

こういう主張をされる方々の特徴は、なぜその授業がだめなのかということを具体的には話すことができないことと、教材と子どもから授業を観るという姿勢や技術が欠けているということなのです。

そもそも、一斉指導と協同学習を対立した軸に置くこと自体がおかしいのです。

授業は子どもの実態と教材の特質と目標によって、臨機応変に指導の仕方を考えるものであって、何かの方法が先にありきなのではありません。

もちろん、下手な一斉授業は見ていられません。しかし、優れた一斉指導というものは、有田和正氏や野口芳宏氏に代表されるように、確かに存在しているのです。そして、その先人たちは、常に学習における対話を考え、主体的な学びを追求し続けてきました。

黙って聞いているだけの講義式の授業など論外だと考えてきたのです。

また、協同学習さえしていれば、子どもの力がついていくというものでもありません。下手な協同学習であっても、一応子どもたちが全員活動しているように見えるために、何かができているような錯覚をしてしまっていることが多いようです。

旧い指導法の優れたところと子どもの姿からも学ぼうとしない教師に、明日があろうとは思えません。

「協同学習」が大切なことは語るまでもありません。本著に関連した「聞く力」「聞き合い」などに関連したものだけに絞っても、昔から『国語教育』(明治図書出版)で特集を何度も組んでいました。いくつかをピックアップしましょう。(全部ではありません。)

一九八八年　五月　３９３号　『話せない子、聞けない子を鍛える』
一九九二年　四月　４５８号　『聞く力、話す力を鍛える授業のアイデア』
一九九七年　四月　５４０号　『「聞き合う力」が育つ国語教室』
一九九九年　六月　５７６号　『「言葉で伝え合う能力」の鍛え方』
（学習指導要領の改訂で「伝え合う力」が出てきた）
二〇〇〇年　八月　５９４号　『「対話」で話す聞く力の基礎を問う』
二〇〇二年　十二月　６２７号　『実践提案「伝え合う力」をこう育てる』
二〇〇八年　三月　６９０号　『「対話力」を鍛えるアイデア』
二〇〇九年　四月　７０６号　『「伝え合う能力」をどう高めるか』
二〇〇九年　十二月　７１７号　『「聞く力」を鍛える授業アイデア』

このように、一〇年前までで考えても、さまざまな観点から先人たちは考えて実践してきているのです。単なる講義式の授業などで満足していた優れた実践家たちなどは、一人もいらっしゃいません。

今回のような一人ひとりの子どもの聞くこと話すことの特性に絞り込んだ本をまとめることにおいても、先人の優れた考え方が大きな示唆を与えてくれました。

ところで、「対話」を考えるときに、何かの形式だけを真似てそのまま使って失敗するという例をたくさん目にしています。これでは力はつかないと思います。形を踏襲するばかりに気持ちがいってしまって、肝心な子どもを一人ひとりきちんと見取るという発想がないからです。学習が上っ面をなぞっただけのものになってしまうのです。

そして、子どもが自分で考えて自分で対策を立て、自分で試みていくために、自己評価から自己改善の手立てをしめすことこそ、「対話」的な学習の成果を上げることになるのではないでしょうか。

二〇一九年（令和元年）　秋

エリック・クラプトンの『レイラ』を聴きながら

追手門学院小学校　多賀一郎

■参考文献

『個人差に応ずる国語の学習指導』
大村濱・倉沢栄吉・小塚芳夫・平田与一郎編著　一九五二年　新光閣
『対話能力を磨く―話し言葉の授業改革』（国語教育ブックレット）
高橋俊三著　一九九二年　明治図書出版
『国語教育　479号　～正しく聞き取る力を鍛える』　一九九三年　他　明治図書出版
『中学校国語　聞く力が育つ学習指導』（東書ＴＭシリーズ）
田中瑩一編著　一九九四年　東京書籍
『「ディベート」入門―論争・会議・商談の武器』
松本道弘著　一九八二年　中経出版
『ダイアローグ―対立から共生へ、議論から対話へ』
デヴィッド・ボーム著　金井真弓訳　二〇〇七年　英治出版
『1分で話せ　世界のトップが絶賛した大事なことだけシンプルに伝える技術』
伊藤羊一著　二〇一九年　ＳＢクリエイティブ

著者紹介

多賀一郎

神戸大学附属住吉小学校を経て，私立小学校に長年勤務。現在，追手門学院小学校。専門は国語教育。元日本私立小学校連合会国語部全国委員長。年間 100 回以上，公私立校で指導助言をしている他，親塾等の保護者教育に力を注いでいる。また，教師塾やセミナー等で，教師が育つ手助けをしている。絵本を通して心を育てることをライフワークとして，各地で読み聞かせの活動もしている。

著書：

『クラスを育てる作文教育』『小学１～６年の学級づくり＆授業づくり 12 か月の仕事術（ロケットスタートシリーズ）』（編著）『ヒドゥンカリキュラム入門』『大学では教えてくれない保護者対応』以上明治図書，『小学生保護者の心得　学校と一緒に安心して子どもを育てる本』小学館，『女性教師の実践からこれからの教育を考える』（共著）『問い続ける教師』（苫野一徳と共著）以上学事出版，『一冊の本が学級を変える』『孫子に学ぶ教育の極意』『多賀一郎の荒れない教室の作り方』『きれいごと抜きのインクルーシブ教育』（南惠介との共著）『改訂版　全員を聞く子どもにする教室の作り方』以上黎明書房など，多数。

＊イラスト：伊東美貴

一人《ひとり》ひとりが聞《き》く子《こ》どもに育《そだ》つ教室《きょうしつ》の作《つく》り方《かた》

2019 年 12 月 10 日　初版発行

著　者　多《た》　賀《が》　一《いち》　郎《ろう》
発行者　武　馬　久仁裕
印　刷　株式会社 太 洋 社
製　本　株式会社 太 洋 社

発　行　所　株式会社　黎《れい》　明《めい》　書《しょ》　房《ぼう》

〒 460-0002　名古屋市中区丸の内 3-6-27　EBS ビル　☎ 052-962-3045
FAX 052-951-9065　振替・00880-1-59001
〒 101-0047　東京連絡所・千代田区内神田 1-4-9　松苗ビル 4 階
☎ 03-3268-3470

落丁本・乱丁本はお取替えします。　ISBN978-4-654-02326-4